Antoine de Saint-Exupéry

Homme-synthèse dans le siècle

Il a été tiré de cet ouvrage trente exemplaires numérotés constituant l'édition originale.

Couverture : Antoine de Saint-Exupéry *(cl. inversé).*
Droits réservés

2, quai Claude-Bernard - 69007 Lyon
Tél. 04 78 72 49 00 - télécopie : 04 78 69 00 48

E.mail : editions.lyonnaises@wanadoo.fr
Site internet : http://perso.wanadoo.fr/editions.lyonnaises

ISBN : 2 84147 100 4

MICHEL RICHELMY
Président du Centre Saint-Exupéry

ANTOINE DE SAINT-EXUPÉRY

(1900-1944)

Homme-synthèse dans le siècle

Préface de Jean-Marie Conty †
Compagnon de l'Aéropostale

Postface de Guy Avanzini
Professeur émérite à l'Université Lyon 2

Illustrations de
Georges Avril et Jean Denis

Éditions Lyonnaises ELAH d'Art et d'Histoire

Deuxième édition, revue et corrigée,
enrichie d'une réflexion sur l'éducation
dans l'œuvre de Saint-Exupéry

La grandeur d'un métier est,
peut-être, avant tout, d'unir des hommes :
il n'est qu'un luxe véritable,
et c'est celui des relations humaines.

Antoine de Saint-Exupéry
Terre des Hommes

A Janine

Avant-Propos

Sur un ami

La conduite de vie d'Antoine de Saint-Exupéry partait du cœur. Son sens du devoir et des responsabilités, son esprit d'entraide, le don de son amitié à chacun de ses camarades de travail et à tous ses amis, sa persévérance et sa volonté à vouloir convaincre ont toujours eu le but, sans arrière-pensée, d'être utiles aux hommes. Pour les aider. Mais aussi pour permettre l'avènement d'une vie plus humaine entre tous. L'exercice de son métier et ses écrits évoquant le courage, la volonté, le désir de parvenir et de réussir de ses camarades dans leurs actes professionnels en furent les moyens. Des appels à suivre. Il voulait donner un sens à la vie. Il a sans cesse cherché une clé qui ouvrirait la porte sur un monde uni. Pour aller plus loin, n'a-t-il pas écrit : « *Aimer ce n'est pas se regarder l'un l'autre, mais regarder ensemble dans la même direction.* »

La morale et la philosophie de Saint-Exupéry correspondaient à l'esprit de Michel Richelmy. Il créa alors à Lyon-Villeurbanne le Centre Saint-Exupéry, une association socio-culturelle qui permettrait aux jeunes, filles et garçons, de développer en eux l'amitié, l'entraide, le courage, le sens des responsabilités, dans un épanouissement sans contrainte. Ce groupement s'est également donné pour objectif permanent de faire rayonner l'œuvre et la pensée du pilote-écrivain. Il a réussi. Il continue.

A cela, en plus, au sein de la municipalité de sa ville où il fut élu le plus jeune adjoint au maire d'une grande ville de France, il s'est investi dans des tâches bénévoles avec le même dévouement.

Michel Richelmy et moi, nous nous sommes rencontrés alors que nous avions vingt ans, avec les mêmes idées qui pouvaient permettre l'épanouissement de la jeunesse et le même enthousiasme pour l'œuvre de Saint-Exupéry. Lui à son Centre culturel, moi dans la pratique de jeux théâtraux et éducatifs, «Jeux d'Artifices» (qui d'ailleurs ne l'étaient pas).

Michel Richelmy n'a pas failli à ses idées.

Son regard, sa poignée de main et toutes ses actions affirment une amitié qui apporte et qui va au-devant de l'Homme.

Michel Duvernay-Ferrand
Journaliste et réalisateur TV/Cinéma

Préface

La vie et l'œuvre d'Antoine de Saint-Exupéry ont failli être desséchées par l'élitisme. Il fut sauvé par l'Aéropostale. Ayant connu une évolution un peu semblable, en partie à ses côtés, je tenterai de la faire revivre.

Pourquoi l'élitisme ? D'abord son tempérament intuitif, lunaire, extrêmement sensible. Ensuite son milieu familial aristocratique. Enfin, sa formation d'adolescent. Pour la préparation à Navale, l'école religieuse Bossuet le conduisait à Saint-Louis. J'ai connu les mêmes établissements à la même époque. Le lycée Saint-Louis, de mille cinq cents élèves, n'avait qu'une équipe de football et une équipe de rugby, soit trente pratiquants du jeu d'équipe, un adolescent sur cinquante. Que l'on compare avec les collèges anglais ! Le jeu des concours était celui d'une terrible rivalité individuelle. Cela fut longtemps un mal français.

Alors l'aviation ? Ni le pilote militaire, ni le pilote de raid ne connaissait la vie de grande équipe. Seule l'Aéropostale fut une course de sept relais aériens sur 15 000 kilomètres. Les dangers du Rio de Oro, de l'Atlantique Sud et de la Cordillère des Andes, les sauvetages après les accidents fréquents furent une école de dévouement collectif. Les pilotes et les radios de l'Aéropostale n'avaient en général qu'une faible culture scolaire, mais un sens élevé de l'engagement.

En 1928, j'étais chargé d'installer l'aéroport d'Agadir au moment où Saint-Exupéry quitta Cap Juby pour rentrer en France.

A Casablanca, quelques pilotes nous encadrèrent, au «Roi de la Bière», parce qu'ils voulaient confronter deux joueurs d'échecs, jeu qu'ils ignoraient. Pour la troisième partie, nous restâmes seuls. Alors Saint-Exupéry m'emmena dans son petit hôtel, où il me lut, d'une voix sourde, tout son premier roman, *Courrier Sud*. J'avais connu son premier amour, Louise de Vilmorin, personnage délicieux, très élitiste. J'étais son premier auditeur, car, à Cap Juby, les pilotes de Casa Dakar s'endormaient, épuisés par une rude étape.

Au petit jour, dans un café arabe, il m'exposa trois projets d'invention technique. Je l'accompagnai jusqu'à l'aéroport. Une longue amitié avait pris naissance.

Dans l'ensemble de son œuvre, les thèmes sont nombreux. J'en retiens surtout deux. Le thème du père (*Vol de nuit* et *Citadelle*) qu'il serait facile d'expliquer. Et surtout le thème des liens et de l'appartenance. Liens entre les hommes (*Terre des Hommes, Pilote de Guerre, Le Petit Prince, Citadelle*), entre les hommes et la nature, y compris le désert et les astres, entre les éléments de la cathédrale pour sa transcendance.

Quand je lis : «Je suis de Guillaumet» ou «Je suis de Hochedé», je comprends dans ce raccourci : «Je suis l'équipier de ce camarade de combat». A notre époque où l'individualisme va croissant, ce second thème me paraît essentiel. A l'Aéropostale, Saint-Exupéry avait découvert que la vie humaine est religieuse, dans le sens étymologique. Elle n'existe que par les liens. Un homme désabusé par les échecs de l'adolescence avait découvert une foi. Il l'exprima en grand écrivain.

Jean-Marie Conty †

-I-
«Je suis de mon enfance comme on est d'un pays»

Vous cheminez pendant des décennies avec un homme d'action qui est un poète et un scientifique. Vous fréquentez sa famille, ses compagnons. Peu à peu, sa vie et son œuvre vous le rendent immense.

Alors, allez-vous oser pénétrer davantage dans son univers, retracer ses exploits, rappeler ses engagements, souligner ses faiblesses, développer sa pensée sans la trahir ?

Quelqu'un frappe à votre porte. Humble passant qui vous raconte un souvenir d'enfant. Simple rencontre. Le géant devient accessible et l'on repart avec lui pour un périple de quarante-quatre ans.

Un petit garçon qui, en 1933, est en colonie de vacances dans le château de Saint-Maurice-de-Rémens (la propriété a été vendue en 1932 à la Caisse des Ecoles de Lyon) se souvient : «Le centre était dirigé par notre maître, M. Geoffray. Un jour, un homme très grand et très gentil est venu. Il nous a emmenés, moi et quelques camarades, voir les avions à Ambérieu. On m'a dit son nom : Saint-

Exupéry». Ainsi s'exprime une des nombreuses personnes qui ont croisé l'écrivain : Marc Cauda (aujourd'hui retiré à Meyzieu, dans le Rhône).

Ce «grand monsieur» est déjà un personnage célèbre. Il le deviendra plus encore au point que les voûtes illustres du Panthéon abritent son nom, depuis le 17 septembre 1964 : «A la mémoire d'Antoine de Saint-Exupéry, poète, romancier, aviateur, disparu au cours d'une mission de reconnaissance aérienne le 31 juillet 1944». La cérémonie ne bénéficia point de l'évocation incantatoire d'un Malraux. Elle fut simple et réunit dans une même ferveur sa famille humaine (sa mère, son épouse, sa sœur Simone, ses neveux), sa famille de l'amitié, sa famille de l'aviation, Didier Daurat en tête. Pierre Chanlaine, président des écrivains combattants, Jean Sainteny, ministre des Anciens Combattants prirent tour à tour la parole, avant que le grand orchestre de la Garde républicaine n'interprète le final de la Troisième symphonie avec orgue, de Saint-Saëns.

Ce «grand monsieur» est né à Lyon (2e), 8, rue Alphonse-Fochier (anciennement rue du Peyrat), le 29 juin 1900. Le livre de l'Etat-civil indique que sa naissance a été déclarée le 30. Une inscription a été gravée dans la pierre ovale de l'immeuble, à l'initiative du Centre Saint-Exupéry et inaugurée le 16 octobre 1960 en présence de sa famille, du cardinal Gerlier, archevêque de Lyon, du général Balmitgère, gouverneur militaire. Plus tard, il habitera en face, 1, place Bellecour et rue Vaubecour. «C'est tout à fait par hasard que je suis né à Lyon, cette ville aux beaux silences» a-t-il écrit.

Portraits

La presse, la télévision, des timbres et, aujourd'hui, un billet de banque de 50 francs ont popularisé son visage. Ecoutons ceux qui ont tracé son portrait. «Son nez retroussé, son crâne dégarni, ses tours de cartes, ses dessins, ses inventions, son Petit Prince pour grandes personnes, et sa femme, et les Andes, et la Corse, le ciel d'Arras, la Croix du Sud, et le reste, en vrac, comme cette Citadelle à jamais en chantier, tout cela est là, et, si l'on ose dire, un peu là...» (Claude Yelnick).

«Son nom de chevalier du Saint Graal, son visage aux yeux d'oiseau de nuit, son corps mal assuré sur la planète, faisaient de lui un être hors série. De Saint-Exupéry, en effet, on a tout dit. On a célébré l'homme et l'écrivain. On a montré quelle soif il avait de camarades, auxquels il raccrochait la vraie grandeur, l'estime de soi-même, la fidélité de soi-même, à travers toutes les valeurs que l'on ne peut perdre, sans se perdre en même temps. On a chanté le poète, le philosophe, l'extraordinaire machine à penser qu'il était.» (Jules Roy).

Mais y a-t-il meilleur objectif que l'œil d'un ami ? Ceux qui eurent le privilège de connaître son amitié le décrivent non seulement avec leur mémoire, mais avec leur cœur : «Epanoui, avec un rien d'effarement... un nez d'humeur d'altitude, les narines en l'air, véritable pluviomètre à étoiles, et les fossettes enfantines du sourire.» (Luc Estang). «Ce prophète lyrique a des mensurations d'haltérophile : cent kilos pour un mètre quatre-vingt-cinq.» (Gilbert Prouteau). «Un grand corps raidi par les blessures, auquel la timidité conférait une gaucherie de potache, une voix sourde, la parole rapide qu'animaient des mains puissantes aux doigts déliés.»(Pierre Chevrier). «Son sourire était infiniment doux et pathétique comme toujours quand un homme d'action rêve.» (Blaise Cendrars). Par Léon-Paul Fargue, le portrait de son cher «Tonio» : «Son visage était complet, à la fois sourire enfantin et sérieux du savant, héroïsme discret et fantaisie spontanée, beauté de l'œil et souplesse du corps.» - «C'était un écrivain continuellement insatisfait.» (Lewis Galantière).

Quant à Jean Israël, qui, en 1939, fut son compagnon au 2/33, il précise[1] : «Il avait des dons assez exceptionnels. Et quand il était devant quelqu'un et qu'il voulait quelque chose, sa persuasion était telle qu'il l'obtenait». Et il ajoute : «C'est un homme qui savait beaucoup de choses, qui avait des connaissances scientifiques et une connaissance technique absolument stupéfiantes[2].»

---

1) Jean Israël, centralien, opta rapidement pour l'aviation. Prisonnier pendant cinq ans, il fera ensuite carrière dans l'aviation civile. Saint-Exupéry avait écrit à son sujet : «C'était un des plus courageux pilotes du Groupe». Il est décédé fin 1995. Il avait 82 ans.

2) Colloque à Lyon (1994) du 50e anniversaire de la disparition de Saint-Exupéry.

SAINT-MAURICE-DE-RÉMENS, LIEU DE MÉMOIRE

Il fut un petit garçon solide, spontané, aussi turbulent que rêveur, et lui-même dira plus tard avoir été «le plus heureux des enfants». Les siens l'appelaient «le roi-soleil», à cause de sa blondeur. Mais n'était-ce pas consacrer aussi un rayonnement qui les subjuguait ?

Les palais où ce «roi-soleil» régnait étaient des châteaux : celui de Saint-Maurice-de-Rémens, dans le Bugey, qui appartenait à la comtesse Gabrielle de Tricaud, née Lestrange, tante de Marie de Saint-Exupéry, mère d'Antoine ; celui de la Môle, dans le Var, propriété des Fonscolombe, lieux bénis de ses vacances enfantines. Sa cour : une mère tendre, un frère, François, des sœurs : Marie-Madeleine, dite Biche, Simone, dite Monot, Gabrielle dite Didi, la gouvernante autrichienne Paula, qui alimentait le feu de bois dans la cheminée en racontant aux enfants de vieux contes germaniques et la fidèle Moisy. Mademoiselle Anne-Marie Poncet vient chaque semaine de Lyon à Saint-Maurice pour enseigner le piano et le violon aux enfants. Plus tard, elle recevra de Fribourg (Suisse) une lettre d'Antoine lui demandant de composer la musique d'un livret d'opérette qu'il a écrit.

Saint-Maurice restera le lieu de mémoire[1] : «Il était, quelque part, un parc chargé de sapins noirs et de tilleuls, et une vieille maison, que j'aimais.»

---

1) *Terre des Hommes* (IV).

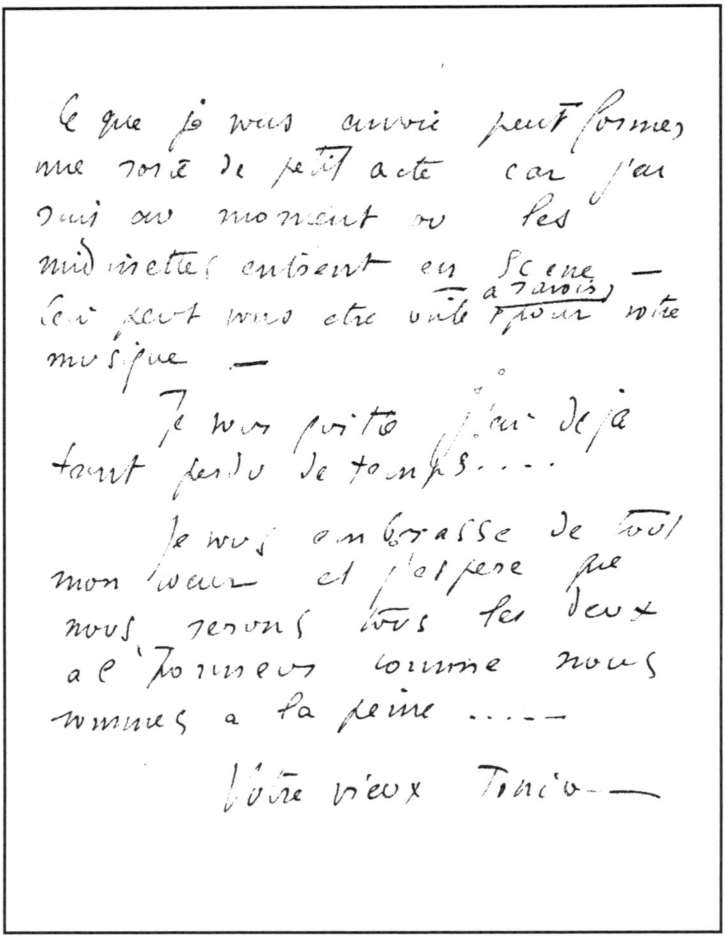
Ce que je vous envoie peut former une sorte de petit acte car j'ai suivi au moment où les midinettes entrent en scène — Ceci peut vous être utile à savoir pour votre musique —

Je vous quitte j'ai déjà tant perdu de temps....

Je vous embrasse de tout mon cœur et j'espère que nous serons tous les deux à l'honneur comme nous sommes à la peine .....

Votre vieux Tonio —

Fragment d'une lettre d'Antoine
à Mlle Poncet lui demandant d'écrire la musique de son opérette,
(coll. M Richelmy).

Dans cette maison, Antoine fera «provision de douceur». L'enfance se déroule paisible dans ce cadre serein, entourée d'une famille affectueuse. Sa mère évoque les jeux enfantins : tous se réunissaient pour la «chevauchée du chevalier Aclin». Quand un orage commençait, les enfants couraient du fond du parc vers la maison, sous les rares premières gouttes. Tout enfant touché d'une goutte sortait du jeu. Et s'il restait un triomphateur, intact, il portait le titre de «chevalier» jusqu'au prochain orage...

Les allées du parc voyaient passer «le vol-à-voile», la bicyclette nantie d'un mât, où s'accrochait une voile. Après une course effrénée, cette bicyclette s'élevait dans les airs. Mais «les grandes personnes n'en ont jamais rien su...». «Le parc offrait mille trésors, nous construisions des maisons dans les arbres et des cabanes tapissées de mousse, nous dévalisions les groseilliers», se souvient Simone. Parfois le même parc, calme et paisible, retentissait des cris d'Antoine, s'échappant des mains de la gouvernante affolée. Tout nu, il gambadait, en se moquant d'elle. Jamais à court d'idées saugrenues, qu'il voulait à toute force faire partager à son entourage, il s'entendait dire parfois : «Assez, Tonio, tu nous ennuies.»

Les veillées étaient consacrées à la musique, aux jeux de société. Le curé de Saint-Maurice venait faire sa partie d'échecs au château et les enfants l'accueillaient par ce refrain qu'ils avaient inventé :

«M'sieur l'Curé, cirez vos bottes,
«Pour venir nous marier
«Car chez nous l'amour, i'trotte
Comme les rats dans un grenier.»

Saint-Maurice est un asile de tendresse et de sécurité ; pour Antoine, la sécurité prend la forme du poële : «La chose la plus «bonne», la plus paisible, la plus amie que j'aie connue, c'est le petit poële de la chambre d'en-haut. Jamais rien ne m'a autant rassuré sur l'existence. Quand je me réveillais, la nuit, il ronflait comme une toupie (...) ce petit poële nous protégeait de tout», écrivait-il trente ans plus tard. Enfant heureux, car le milieu où il grandit était intelligent, sans complication, tout de spontanéité et de franchise. Enfant normalement turbulent. Pourtant, devant être grondé, il se raidissait sous les punitions. Il n'y avait qu'une sanction à laquelle il se montrait extrêmement sensible : la décision que prenait parfois sa mère de ne pas lui dire bonsoir. «Immense était alors la détresse de l'enfant, et cette détresse allait croissant jusqu'à éclater en appels désespérés», en écho peut-être à la même réaction d'un autre enfant sensible, Marcel Proust.

Partout où il se trouvera, sa pensée le conduira à Saint-Maurice-de-Rémens. Ainsi, dans une lettre de Buenos Aires, en 1930 : «Je ne puis penser à mon coin de terre sans une grande faim d'être là-bas. Et sans serrer les poings parmi toutes ces foules en pensant à l'odeur des tilleuls de Saint-Maurice, à l'odeur des armoires, à votre voix[1].»

---

1) Lettres à sa mère.

PREMIER VOL

Mais la vie n'est pas que vacances. L'année scolaire 1912-1913 le voit au collège Notre-Dame-de-Sainte-Croix du Mans où –discipline trop stricte, ambiance morose, éloignement ?– il perd une partie de ses moyens. Pendant les grandes vacances, il est de nouveau à Saint-Maurice et l'attrait de l'aérodrome d'Ambérieu se fait de plus en plus pressant. Au mois de juillet 1912, près d'un monoplan construit par les frères Salvez-Wroblewski, il s'adresse au pilote Gabriel Salvez en prétendant que sa mère l'a autorisé à prendre le baptême de l'air. Marie de Saint-Exupéry nous dira plus tard qu'il n'en fut rien. Premier vol, qui va le marquer pour la vie.

Après un court passage au collège de Mongré près de Villefranche-sur-Saône, puis, de nouveau au Mans avec son frère, il se retrouve en seconde, à la Villa Saint-Jean, chez les Marianistes de Fribourg (1915) où se forgeront des amitiés durables comme celle de Charles Sallès, tandis que sa mère, infirmière, se dépense sans compter, au service des blessés, à la gare d'Ambérieu-en-Bugey. Il est certain que les deux années passées à Fribourg, en pleine adolescence, ont largement nourri sa spiritualité.

Il sera le plus souvent un collégien exubérant, qui trouve un surnom au «prof» et n'est jamais en peine de canular. Mais c'est aussi un élève rêveur. Il avoue lui-même[1]: «De temps à autre, je m'enfonce plus loin dans le rêve et jette un coup d'œil

1) *Pilote de guerre* - Ch.1.

par la fenêtre. Une branche d'arbre oscille doucement dans le soleil. Je regarde longtemps. Je suis un élève dissipé...»

L'apprenti latiniste traduit en cachette Jules César... pour savoir comment fonctionnent les machines de guerre romaines, et couvre les pages des *Commentaires de la Guerre des Gaules* de croquis d'engins militaires. Mais il néglige avec désinvolture les langues étrangères et l'histoire ancienne. Querelleur, parfois bourru, il sait se faire respecter par ses camarades. Il leur reproche, toutefois, le surnom que lui vaut son nez en l'air, «Pique-la-Lune». Toute sa vie, il s'irrita au rappel de ce sobriquet. C'est peut-être en y songeant, qu'il écrira plus tard d'une plume vengeresse : «*L'ironie est du cancre*» (Exhortation aux éducateurs[1]).

Tonio n'était pas un élève particulièrement discipliné, et un désordre indescriptible régnait généralement sur son bureau, placé dans le fond de la classe. Las de lui faire des observations sur sa turbulence et son désordre, le préfet, pour mieux le surveiller, le pria de s'installer au premier rang de la classe, juste devant lui. Et le priva de récréation. Dès que ses camarades furent sortis, resté seul dans la classe, le jeune Tonio bondit au tableau noir, s'empara d'une craie, et d'un seul jet, écrivit :

«J'étais, dans le fond de l'étude,
«Un petit bureau sans valeur.
«Je faisais la béatitude
«De mon illustre possesseur.
«Noir comme un citoyen d'Afrique,

1) *Citadelle,* Ch.XXV.

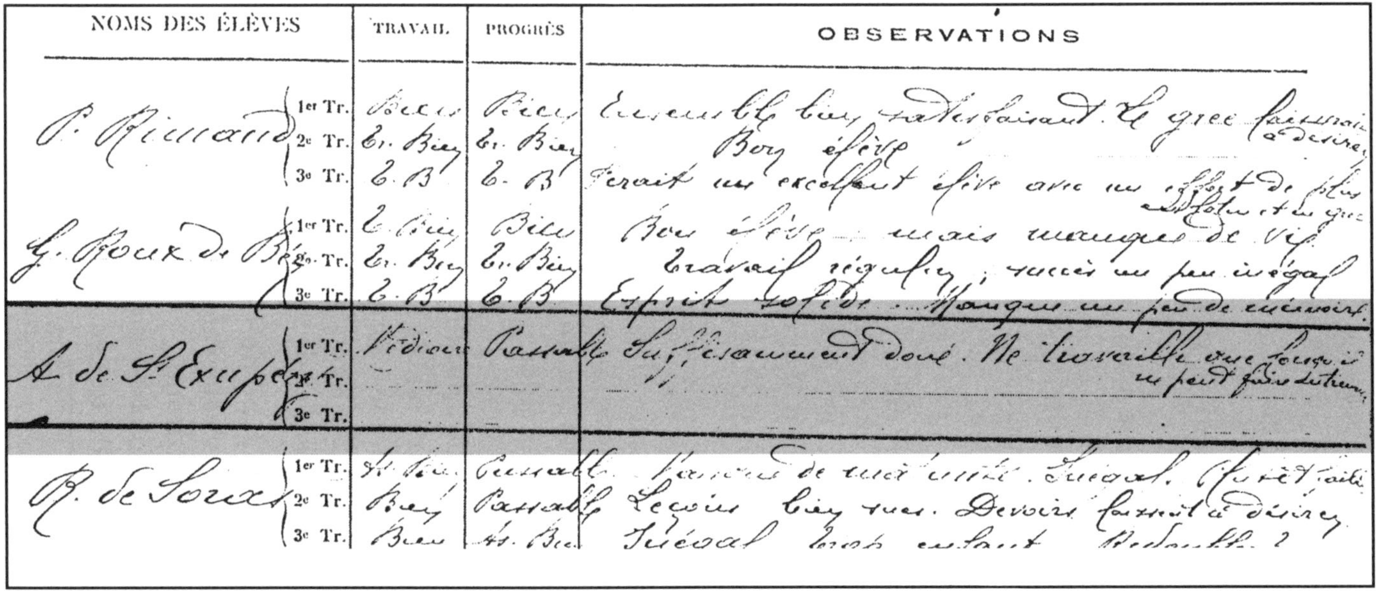

NOMS DES ÉLÈVES		TRAVAIL	PROGRÈS	OBSERVATIONS
P. Rimaud	1er Tr.	Bien	Bien	Ensemble bien satisfaisant. Le grec laisserait à désirer.
	2e Tr.	Tr. Bien	Tr. Bien	Bon élève
	3e Tr.	T. B	T. B	Serait un excellent élève avec un effort de plus [illegible]
G. Roux de Bé[illegible]	1er Tr.	T. Bien	Bien	Bon élève mais manque de vie.
	2e Tr.	Tr. Bien	Tr. Bien	Travail régulier; succès un peu inégal
	3e Tr.	T. B	T. B	Esprit solide. Manque un peu de mémoire.
A. de St Exupéry	1er Tr.	Médiocre	Passable	Suffisamment doué. Ne travaille que lorsqu'il ne peut faire autrement.
	2e Tr.			
	3e Tr.			
R. de [illegible]	1er Tr.	A. Bien	Passable	Manque de maturité. Inégal. [illegible]
	2e Tr.	Bien	Passable	Leçons bien sues. Devoirs laissant à désirer.
	3e Tr.	Bien	A. Bien	Inégal trop enfant. [illegible] ?

Les notes d'Antoine au collège de Mongré (classe de seconde année 1914-1915) qui se terminent par cette observation : «Suffisamment doué. Ne travaille que lorsqu'il ne peut faire autrement.» (Coll. Michel Richelmy).

«Usé par d'austères travaux
«J'étais, discret et pacifique
«Le plus paisible des bureaux.»

«Bien au chaud sous la fenêtre,
«Gonflant mon dos comme un lézard,
«J'étais gratifié par mon maître
«D'un beau désordre, effet de l'art.
«Rien ne troublait notre repos
«La paix, hélas ! fut passagère.»

Et l'envoi se terminait ainsi :

«Préfet, rends-moi mon petit bureau.»

Lorsque, derrière les enfants, le préfet revint de la cour de récréation, il trouva Tonio, boudeur et fier, les bras croisés, devant son œuvre. Emu et souriant, le préfet rendit le petit bureau…

-II-
Amiral ou Rapin ?

Ayant, à dix-sept ans, brillamment passé ses deux baccalauréats il entre à Paris, à l'école Bossuet, puis au lycée Saint-Louis, pour préparer l'Ecole Navale. Ses camarades s'exclamaient : «Quel type ! Il vit de cafés-crème pour pouvoir s'acheter un sextant. Il écrit des contes en étude. Il aura un nom plus tard».

Un jour de grève des transports, avec un camarade, ils remplacent les grévistes sur les autobus. Antoine et Bertrand contrôlent-ils les billets ? Un troisième larron conduit la machine. Mais ce jour-là, une marchande d'oranges en avait pâti, ou du moins sa voiture, les oranges émaillaient le boulevard Saint-Germain. Très populaire, parmi ses condisciples, il sera même élu préfet des mœurs, dans le «gouvernement» qui régit sa classe. Il en éprouve une certaine fierté, comme il l'écrira à sa mère : «Avant, j'étais brigadier des gendarmes, mais celui-ci n'est pas un membre du gouvernement, c'est un fonctionnaire, comme plusieurs autres». Puis (c'était en 1918), les grands élèves du lycée Saint-Louis furent évacués à Bourg-la-Reine, au lycée Lakanal. L'une des raisons de ce transfert était leur habitude de monter sur les toits pour regarder les bombardements. «Je vais bien, physiquement, moralement, mathématiquement parlant.» écrit-il à sa mère. Il travaille encore tout un été à Saint-Maurice pour préparer l'oral du concours de Navale. La maison étant pleine à son arrivée, il s'installe lui-même, avec délices, dans son ancienne chambre d'enfant, à l'étage des greniers. Il compose, grâce à des meubles rustiques et de nombreux vases de fleurs, un décor à son goût. Il travaille sur le bureau de son père (mort quand Antoine avait quatre ans) transporté là par ses soins. Malheureusement (?), il échoua cet oral.

Paris, à vingt ans...

1919. Il s'inscrit aux Beaux-Arts à Paris (section architecture) où il recevra les cours d'histoire de l'art du célèbre esthéticien Elie Faure. S'il n'est pas devenu un grand architecte, il lui restera un goût très vif pour le dessin (il avait déjà le don). De Casablanca, deux ans plus tard, il écrit : «J'ai découvert ce pour quoi j'étais fait : le crayon Conté mine de charbon. J'ai acheté des carnets de croquis, où j'exprime comme je le peux les faits et gestes de la journée». Aurait-il pu, plus tard encore, faire comprendre à un autre dessinateur, comment il voyait «Le Petit Prince» ?

Paris, à vingt ans... Ex-futur amiral ou apprenti rapin ? C'est le temps de la bohème. Le cerveau avide de tout, le cœur et les yeux grands ouverts sur le monde, la bourse plate. Pour l'arrondir cette bourse - autrement que par les mandats maternels, demandés avec autant de fréquence que de touchante tendresse - il se fait engager, à l'occasion, comme figurant au Châtelet et au Théâtre des Champs-Élysées.

Paris, à vingt ans... C'était déjà Saint-Germain-des-Prés. Avec des camarades d'études, qui l'appellent «Saint-Exu», il fait des virées chez Lipp (il y alla toute sa vie parisienne), à la pâtisserie de La Dame Blanche. Il s'y bourre de babas au rhum, et est plein d'admiration pour celui qui ose ouvertement faire enrager la serveuse car, concluait-il : «Le génie de l'insolence, ça se défend !» Les brasseries de Saint-Germain résonnaient des controverses passionnées de cet âge. On y discute des maîtres de l'époque : Valéry, Maurras ; et Antoine éclate quand on défend devant lui Pirandello : c'est à ses yeux «une métaphysique de concierge».

Seul à Paris, il est reçu chez des camarades dont il devient l'ami, tel Bertrand de Saussine. Il y trouve un accueil familial : «Les séances de musique trouvaient en lui un auditeur absorbé, passionné. Parfois il empoignait un violon, et improvisait, genre démiurge, puis brusquement : «Allons au cinéma...» Charlie Chaplin, commenté par lui... quelle découverte !»

Premier contact avec l'Afrique

Mais déjà l'Armée l'appelle. Le 2 avril 1921, il est versé, à sa demande, au 2e régiment d'aviation à Strasbourg, mais en qualité de rampant : «Depuis ce matin nous errons, sous la tutelle d'un soldat bonasse et joufflu, de magasin en magasin pour étrenner des gamelles et des godasses». Obligé s'il veut voler (étant affecté à l'atelier de réparations) de passer le brevet de pilote civil, il prend des leçons à crédit et, après moins de deux heures d'entraînement, décolle seul. Mais un jour, s'étant posé loin du point d'atterrissage fixé, son avion est écrasé par un Spad-Herbemont, roulant à toute vitesse sur la piste d'envol. Il a à peine le temps de s'écarter. Ainsi s'ouvre la suite d'accidents de toutes sortes, desquels vingt ans durant, Saint-Exupéry devait sortir par miracle.

Bien que soldat, il est encore très soucieux de son confort : «J'ai trouvé, dans cette ville exquise, une chambre épatante. J'ai la salle de bains et le téléphone de l'appartement à ma disposition (...) dans la rue la plus chic de Strasbourg.» (rue du 22 novembre). Mais «mon opinion sur le métier militaire est qu'il n'y a rigoureusement rien à foutre, du moins dans l'aviation. Apprendre à saluer, jouer au football et puis s'embêter des heures durant, mains dans les poches, cigarette éteinte aux lèvres». Cette inaction pèse à ses vingt ans. «On demande des volontaires pour le Maroc. Si je ne pilote pas, je demande.»

Mais, à son grand étonnement, il passe professeur. Il enseigne, dans une classe avec tableau noir, l'aérodynamique et la mécanique. «Vous me voyez professeur ?... J'ai des sympathiques camarades de chambrée. Grandes batailles à coups de polochons. J'ai leur sympathie, ce qui est beaucoup, et les coups de polochons, j'en donne plus que je n'en reçois.»

Après Strasbourg, le Maroc pour suivre les E. O. R.[1] «Partant comme pilote pour Rabat, je suis content. Le désert vu d'avion doit être sublime.» Au premier contact avec l'Afrique, il laisse déborder son enthousiasme : «J'ai commencé à comprendre là-bas le Maroc. Interminables promenades dans les rues populaires, grouillantes de lumière. Oh, si je savais faire des aquarelles, que de couleurs (...) C'est féerique, si l'on sait regarder.»

Pour une vie militaire, elle est assez douce, ainsi qu'il la décrit à sa mère : «Marc Sabran (qu'il a retrouvé au Maroc) et moi, nous arrivons de Casablanca pour 48 heures. Les dîners sont gais, je vous le jure, parce que nous avons tous... beaucoup d'esprit (mais oui). On se couche à des heures indues, trois ou quatre heures du matin, tant le poker de chaque soir est passionnant, et la musique. On joue à des jeux ébouriffants, on perd jusqu'à seize sous en une nuit !... La révélation de ces mois passés, ce n'est pas seulement l'Afrique, mais c'est cette passion qui sera chaque jour plus dévorante : l'aviation.»

Un jour de janvier 1922, un bateau le ramène en France : «Tanger s'est évanouie, dans le lointain. Adieu Maroc.» Il est ensuite élève-pilote à Istres, et sous-lieutenant de réserve à Avord. Alors qu'il est au 33e régiment d'aviation, il a, à l'aéroport du Bourget, un accident grave, lors d'une fête. Il fait des acrobaties «sur un avion pourri» au-dessus de la foule. L'avion se disloque. Il n'a qu'une seule pensée : «Sûr, je vais me casser la

1) E.O.R. : élève officier de réserve.

gueule. Mais il ne faut pas que je tombe sur cette foule en fête.» Il est assez heureux pour amener son avion à tomber dans une zone où le risque est pour lui seul. On le relève dans le coma. Il reprend vaguement connaissance dans un lit d'hôpital militaire. «Je suis mort, se dit-il, et pourtant, c'est curieux, j'ai des sensations de vivant.» On le surnomme «le condamné à mort». Puis c'est le rude retour à la vie civile. «Et toi, Saint-Exupéry, qu'est-ce que tu aimerais faire ?» l'avait interrogé un camarade de régiment. — «Oh ! si je vous le disais, vous en seriez suffoqués.»

Retour sur image : Louise de Vilmorin

Dans une lettre à sa mère, il écrit : «J'ai un petit, tout petit désir de me marier, mais je ne sais pas avec qui. Et puis, j'ai beaucoup d'amour paternel en provision. Je voudrais beaucoup de petits Antoine...» Est-ce cette perspective qui lui avait fait faire, plusieurs mois avant, une cour assidue à Louise de Vilmorin, grande fille intelligente de vingt ans, constamment entourée de jeunes gens de bonne famille ? Elle fut sensible au charme étrange de cet aviateur un peu gauche et, malgré les réserves de sa famille, elle devint sa fiancée... pendant quelques mois. Curieux destin de cette femme distinguée, amie des Arts et des Lettres qui terminera sa vie auprès d'un autre écrivain et quelque peu aviateur, André Malraux. Pour lui plaire, Antoine avait cependant accepté d'abandonner l'aviation pour un poste administratif aux Tuileries de Boiron, puis, fin 1924, pour un emploi de représentant des camions Saurer. La légende veut qu'il n'en ait vendu qu'un seul !

Entre les tournées, il retrouve Paris. Ses amis, sa cousine, Yvonne de Lestrange, qui offre à beaucoup d'écrivains un accueil de grande dame. Il se plaît dans ce milieu littéraire. C'est chez elle qu'il rencontre André Gide, Ramon Fernandez, Gaston Gallimard (son futur éditeur). Il profite de sa vie de célibataire et il n'est pas –il ne sera jamais– insensible au(x) charme(s) féminin(s), mais il cherche désespérément un «métier d'homme». La seule fenêtre sur sa vie médiocre, sur son «cafard qui persiste sournoisement» c'est le pilotage. A Orly, à Villacoublay.

-III-
Un métier d'homme

Un jour, cependant, ce fut la rencontre avec l'Aéropostale[1]. «Le schéma de sa vie, le tracé de son œuvre (Pierre Gascar). Un de ses anciens professeurs de l'école Bossuet, l'abbé Sudour (qui devait, en 1931, célébrer à Agay son mariage) connaît Beppo de Massimi, directeur général des lignes aériennes postales, Pierre-Georges Latécoère (plus tard Aéropostale). «Je n'avais qu'un capital à risquer, dit-il, lucide, ma peau». Massimi reçoit donc la visite «d'un grand garçon timide qui paraissait ennuyé d'être si grand et de tenir tant de place dans son fauteuil». Il l'envoie se présenter au directeur d'exploitation, un certain Didier Daurat[2], capitaine, chef d'escadrille pendant la guerre. «Antoine de Saint-Exupéry était un grand gaillard, à la voix douce, au regard concentré, dont toute la personnalité indiquait, au premier abord, le rêveur plus que l'homme d'action». Au cours de l'entretien il s'anime, et quitte son directeur en le suppliant : «Monsieur, je voudrais voler, seulement voler. –Vous ferez comme les autres, suivrez la file». Le 11 octobre 1926, il est engagé chez Latécoère.

---

1) Le premier vol régulier postal avait eu lieu le 1er septembre 1919 (Toulouse/Barcelone).

2) 1890-1969

Affiche ancienne des lignes latécoère.

A Toulouse, c'est à nouveau une banale vie provinciale : «J'ai passé ma journée du dimanche à acheter des allumettes, des cigarettes et des timbres. La buraliste d'à côté est si jolie...» Oui, cette vie serait pauvre, s'il n'y avait l'espoir de piloter à nouveau prochainement. Mais, d'abord, c'est l'atelier. C'est le travail au coude à coude avec les mécaniciens. Avant de voler, le pilote doit connaître toutes les pièces de son avion, et, si Mermoz, révolté, s'était écrié : «Mais je ne suis pas un ouvrier !» (à quoi, Daurat avait répondu : «Etre pilote, c'est d'abord être ouvrier !»), Antoine, lui, est heureux de plonger ses mains soignées dans le cambouis, puisqu'au bout il y a l'avion. Et puis, il y a aussi les camarades, auprès de qui déjà son rayonnement amical se fait sentir et qui finissent à présent leur journée avec plus de satisfaction, avant de regagner «Au Grand Balcon», ce paisible hôtel où se rejoignent pilotes, mécanos et navigateurs et qui retentit de leurs fabuleux récits de vol : Vachet, Mermoz, Estienne, Guillaumet, Lescrivain et les pionniers de l'Aéropostale.

C'est le rire clair du vieux pilote Bury à qui, néophyte, il demande «si le vol avait été dur». Ce sont Saint-Ex et Guillaumet penchés sur la carte du vol à venir. Une amitié d'une rare qualité est en train de naître. Ce sont les premiers vols sur Breguet 14 A2. Puis c'est le ciel d'Alicante, qui le voit évoluer. La première découverte de l'Espagne, les premiers incidents de vol... «Vers 2 000 m, j'avais les commandes engagées à fond, plus de latitude. J'ai jugé la vrille tellement certaine que j'ai inscrit au stylo, visiblement, sur un cadran : «Rupture. Chercher. Impossible éviter chute». Je ne voulais pas que l'on m'accuse de m'être tué par imprudence. Cette idée m'agaçait. Je n'aime pas que l'on m'ait annoncé la brume. Je ne veux pas demain me casser la figure. Le monde n'y perdrait pas grand chose, mais moi tout. Pensez à ce que je possède d'amitiés et de souvenirs et de soleil à Alicante. Et ce tapis arabe que j'ai acheté aujourd'hui et qui m'alourdit d'une âme de propriétaire, moi qui étais si léger, qui n'avais rien.»

Cap Juby

Il est envoyé, le 19 octobre 1927, comme chef d'aéroplace à Cap Juby –aujourd'hui Tarfaya–, dans le Rio de Oro, en pleine dissidence espagnole, avec des consignes aussi nettes que laconiques : «Renouer contact avec le gouvernement espagnol, se porter au secours de tout aviateur en danger, à n'importe quelle heure, par n'importe quel temps et à n'importe quel endroit du désert.» André Dubourdieu l'a précédé à ce poste et reste quelque temps avec lui.

Là, à Juby, se forgera l'homme. Là aussi, naîtra le Petit Prince. En dix-huit mois qu'il y passera, «six équipages sont emmenés en captivité par les Maures», et «quatorze fois il faudra sauver des aviateurs en panne».

Il vit dans un coin perdu de l'Afrique, en plein Sahara espagnol. «Un fort sur la plage, notre baraque s'y adosse, et plus rien pendant des centaines de kilomètres (...) la nuit, je m'accoude contre la lucarne à barreaux de prison (nous sommes en dissidence), j'ai la mer sous moi, aussi proche

AEEM
Georges Avril 2000

qu'en barque (...) C'est le dépouillement total, un lit fait d'une planche et d'une paillasse maigre. Une cuvette. Un pot à eau. J'oublie les bibelots : la machine à écrire et les papiers de l'Aéroplace. Une chambre de monastère». Pourtant, il est heureux. Il dit «avoir trouvé sa voie». Il veille sur les équipages qui partent, comme sur «ses poussins». Il apprivoise les enfants du désert, et les Maures –pour qui il est «Satax»– admirent ce garçon souriant et massif.

Bark

Un épisode contribua beaucoup à asseoir sa popularité et renforcer sa réputation de générosité : la libération et le rachat de l'esclave, répondant au nom de Bark, enlevé au cours d'un rezzou, et loué comme manœuvre aux Blancs de l'escale de Juby. Saint-Exupéry fait alors appel à tous ses amis de France, pour réunir l'énorme rançon réclamée par un chef maure. Cela lui inspirera quelques très belles pages de *Terre des Hommes.*

Tout comme il rappellera, dans le même livre, sa rencontre avec un vieux sergent, qui rêve de Tunis et qui ne se console pas de n'avoir pu offrir du vin à son capitaine.

Par la suite, sa diplomatie, son autorité, son amitié avec les chefs maures lui vaudront le surnom de «Grand Caïd» et de «Seigneur des sables». Pourtant certains Maures viennent pour piller les réserves. Il cherche à les mettre en fuite, au moyen d'un plumeau électrifié à l'aide d'une magnéto de démarreur !

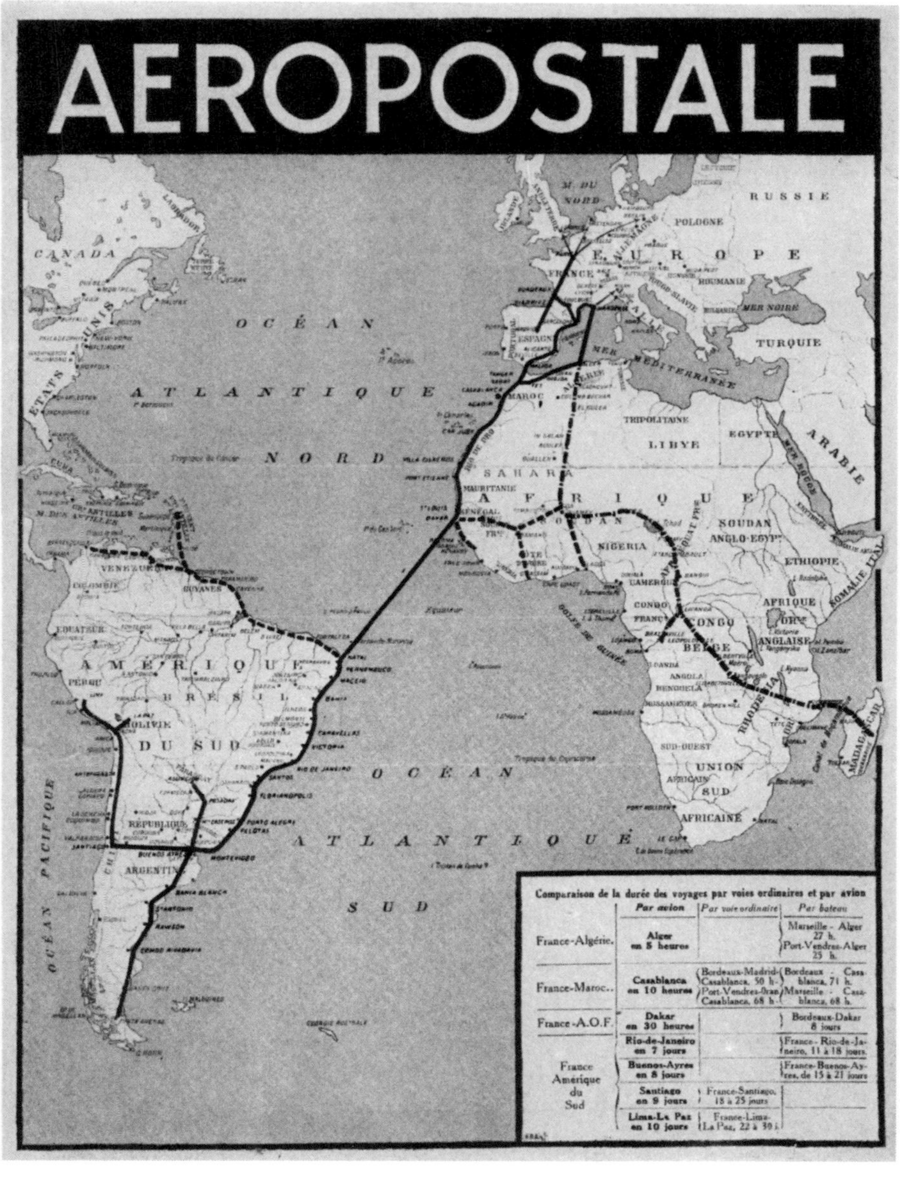

Les lignes de l'Aéropostale.

Dans la solitude du désert, il prend les vraies dimensions de l'homme. Il découvre la fraternité, l'égalité. L'aristocrate s'humanise. Il demande du reste, à sa mère : «Ne mettez plus «comte» sur les adresses». Ce n'est plus le jeune snob de dix-huit ans qui écrivait : «J'ai déjeuné avec la sœur du roi des Belges. Je suis dans une joie folle de la chose !» Ici, il fait le débardeur. «Nous avons reçu un colis de 2 000 kg par bateau. Ça n'a pas été une petite expédition que de lui faire franchir la barre et de le décharger sur la plage. Je commandais une barcasse, grande comme un bateau-lavoir... Avec la sécurité d'un ex-candidat à l'Ecole Navale.»

Pas seulement l'homme, mais aussi l'œuvre se fondent dans cette solitude saharienne. Assis dans sa baraque en planches, dans sa robe de chambre restée célèbre, il consacre ses longues soirées à la rédaction de son premier roman, d'après sa nouvelle «L'aviateur» (publiée dans le numéro du 1er avril 1926 du *Navire d'Argent*, revue dirigée par Adrienne Monier et Jean Prévost, lequel sera tué dans le maquis du Vercors, le lendemain de la disparition de Saint-Exupéry).

Un soir qu'il cherche un titre pour ledit roman, ses yeux se portent sur les sacs de poste en partance pour Dakar, où il lit «*Courrier Sud*» : le titre était trouvé. Deux barils d'essence supportant une porte font office de bureau. Il dessine, il prépare des brevets d'invention, étudie des problèmes de physique et de mécanique, rédige ses rapports de l'Aéroplace, où il relate sa vie quotidienne en péril.

Courrier Sud met en scène peu de personnages : le pilote Bernis, Geneviève, Herlin, maladroit comme un mari, le sergent des étoiles. L'intrigue est mince mais ce récit vibre d'une quête amoureuse. Il vibre aussi des messages que se lancent sèchement les escales de la Ligne : Toulouse, Alicante, Cisneros, Agadir, Dakar et les autres. Une sorte de livre de bord.

Si ce roman n'a pas encore la consistance des œuvres qui suivront, on y décèle déjà ce que sera le parti littéraire de l'auteur.

Sur les plateaux inaccessibles du Rio de Oro, Saint-Exupéry a recueilli une collection d'aérolithes. Il tient beaucoup à sa collection. Un inspecteur de l'Aéropostale, qui se piquait de connaissances minéralogiques, vint à Juby et demanda à Saint-Exupéry d'emporter cette collection pour en faire une étude. Il ne vit jamais paraître l'étude et ne revit jamais ses aérolithes. Ainsi qu'il l'exprima plus tard à son ami Georges Pélissier, «sa rancune s'est exercée dans la peinture de l'inspecteur Robineau, fantoche de l'ombre puissante de Rivière» dans *Vol de Nuit*. Il lui dit avec une douce ironie quel plaisir il avait pris, en décrivant Robineau, de penser à son inspecteur minéralogiste, lui qui, pourtant, était si peu rancunier.

Une des rares choses qui trouble sa solitude, ce sont les lettres, celles qu'il reçoit –en les demandant parfois si désespérément– et celles qu'il envoie. A ses amis, à ses proches. C'est surtout vers sa mère qu'il se tourne : «Vous êtes la grande tendresse de ma vie», lui écrit-il. C'est en cette période –et Marie de Saint-Exupéry l'a confirmé un jour à Cabris– qu'ils ont le plus intensément pensé l'un à l'autre.

L'Arche de Noé

Sa solitude à Juby n'est pourtant pas complète. Il s'entoure d'animaux qu'il aima passionnément toute sa vie. Déjà enfant, il arrive un jour du Mans à Saint-Maurice, avec un rat blanc élevé tout l'hiver avec amour, il fait un détour pour ne pas écraser une chenille, et monte à la cime des sapins pour apprivoiser les tourterelles. Sans parler de son chien, Black, qui ne le quitte pas. A Juby, il attire les gazelles, il a un singe, et il élève un fennec ou renard solitaire. «C'est plus petit qu'un chat et pourvu d'immenses oreilles. C'est adorable. Malheureusement, c'est sauvage comme un fauve et ça rugit comme un lion». «J'ai apprivoisé un caméléon. C'est mon rôle ici d'apprivoiser. Ça me va, c'est un joli mot. Et mon caméléon ressemble à un animal antédiluvien (...) Il a des gestes d'une lenteur extraordinaire, des précautions presque humaines et s'abîme dans des réflexions interminables. Il reste des heures immobile. Il semble venir de la nuit des temps. Nous rêvons tous les deux le soir...» (ce qui ne l'empêchera pas d'être chasseur en Afrique où sangliers et chacals figurent à son tableau).

Plus tard, il rapportera un phoque de Patagonie, un puma, une panthère, et devra se débarrasser de ces animaux encombrants. Encombrant, comme le fut un petit lionceau ramené à bord de son Simoun, assez surpris par ce bruyant véhicule, et dont Saint-Exupéry conserva sur les mains et les bras des traces de la lutte qui s'ensuivit pour le ramener à la raison.

Mais dix-huit mois de désert, c'est long... Il a la nostalgie de Paris, de ses pierres grises, de ses jardins symétriques et de ses expositions. «J'ai envie de quitter mon sable éternel. Je ne vis plus en attendant ce départ.»

Bonjour la France ! Le voici à Brest. En 1929, la compagnie Aéropostale envoie son pilote Antoine de Saint-Exupéry suivre le cours supérieur de navigation aérienne, donné à Brest par le jeune lieutenant de vaisseau Lionel Max Chassin (dans les dernières années de sa vie, ils seront liés par une solide amitié). Chassin voit arriver «un grand diable taillé à la serpe». Les douze élèves du cours, polytechniciens et saint-cyriens, adoptent vite le pilote de ligne, qu'ils surnomment «Juby» à cause de sa récente provenance. Dès l'abord, les premiers contacts entre professeur et élèves sont amicaux, ayant été largement «arrosés» au Noilly-Cassis !

Saint-Exupéry se signale vite par sa vive intelligence et par son étourderie. En mathématiques, il était très fort (sa préparation à Navale l'a beaucoup aidé). Grâce à ses connaissances, il aurait suivi facilement les cours. Malheureusement, il était très occupé par la correction des épreuves de son premier roman *Courrier Sud*, qui polarisait toute son attention. Le littéraire impressionne les scientifiques. Bientôt toute la promotion sait par cœur la première page du livre, et pourtant, d'après lui, «il faut au moins comprendre Giraudoux pour le comprendre».

Vint le jour de l'examen au certificat supérieur de navigation aérienne. Le ministère, voulant que le cours de Chassin reste prestigieux, et cela par la sélection, oblige le professeur à coller deux élèves, alors que tous étaient excellents. Pour d'obscures raisons, le 11e et le 10e étaient intouchables. «Eh bien !, lui dit-on, collez le 9e». Le neuvième, c'était Antoine de Saint-Exupéry... Ce qui ne l'empêcha pas un jour de devenir pilote d'essai.

L'ARGENTINE

La Compagnie générale Aéropostale ne lui en tient pas rigueur. Elle le nomme au contraire à un poste de confiance : directeur de la filiale sud-américaine : l'«Aéroposta Argentina» à Buenos Aires. Le 19 octobre 1929, il s'embarque sur le bateau à destination de l'Argentine : «Voyage bien paisible. On joue aux charades avec des petites jeunes filles (...) On se déguise (...) poissons volants et requins donnent des exhibitions.»

Et le voilà dans la grande capitale. Il s'agit d'organiser et d'étendre le réseau aérien établi par les Mermoz et Guillaumet... pour sa part, Saint-Exupéry créera la ligne de Patagonie, de Buenos Aires à Punta Arenas, à travers «le pays des pierres qui volent» sous le souffle des cyclones. Sa charge sera loin d'être purement administrative. En mai 1930, il accueille fraternellement l'équipage Mermoz-Gimié-Dabry après la première traversée aéropostale de l'Atlantique Sud.

Saint-Exupéry était de ces hommes «qui se réjouissent du fond du cœur d'un succès obtenu par des camarades» et le premier courrier cent pour cent aérien avait été une grande réussite. Il effectue de nombreux vols de reconnaissance et organise des bases d'escale.

Partout, son humanité est appréciée, tant par les camarades pilotes que par le personnel argentin. Avec tous, sa diplomatie fait merveille. Par une habile ruse, il évite le scandale à un chef d'agence indélicat. Cette vie de labeur, de responsabilités, est bien rémunérée et «je n'ai jamais autant volé». «Je gagne vingt-cinq mille francs par mois dont je ne sais quoi faire et que cela m'éreinte de dépenser, et je commence à étouffer dans une chambre où j'empile mille objets qui ne me serviront jamais, que je prends en grippe dès qu'ils sont à moi, et dont pourtant chaque jour j'augmente le tas (...) Maintenant que j'ai acheté cette si belle valise de cuir dont je rêvais, ce chapeau extra-souple et ce chronomètre à trois aiguilles, je n'ai plus rien à espérer...» C'est une revanche sur les années du Quartier Latin ! Il peut enfin, juste retour des choses, envoyer des mandats à sa mère.

Le 13 juin 1930, son ami Guillaumet est porté disparu, alors qu'il survole la Cordillère des Andes. On saura plus tard que son avion a capoté sur la Laguna Diamante. Il se sauva seul, marchant cinq jours et quatre nuits, franchissant des cols de quatre mille cinq cents mètres. A bord de son avion, Saint-Exupéry est parti à sa recherche et Guillaumet lui dira plus tard : «Je te voyais et tu ne me voyais pas. –Comment savais-tu que c'était moi ?» Et Guillaumet de répondre : «Personne n'aurait osé voler aussi bas que toi», et d'ajouter : «Ce que j'ai fait, je te le jure, jamais aucune bête ne l'aurait fait.»

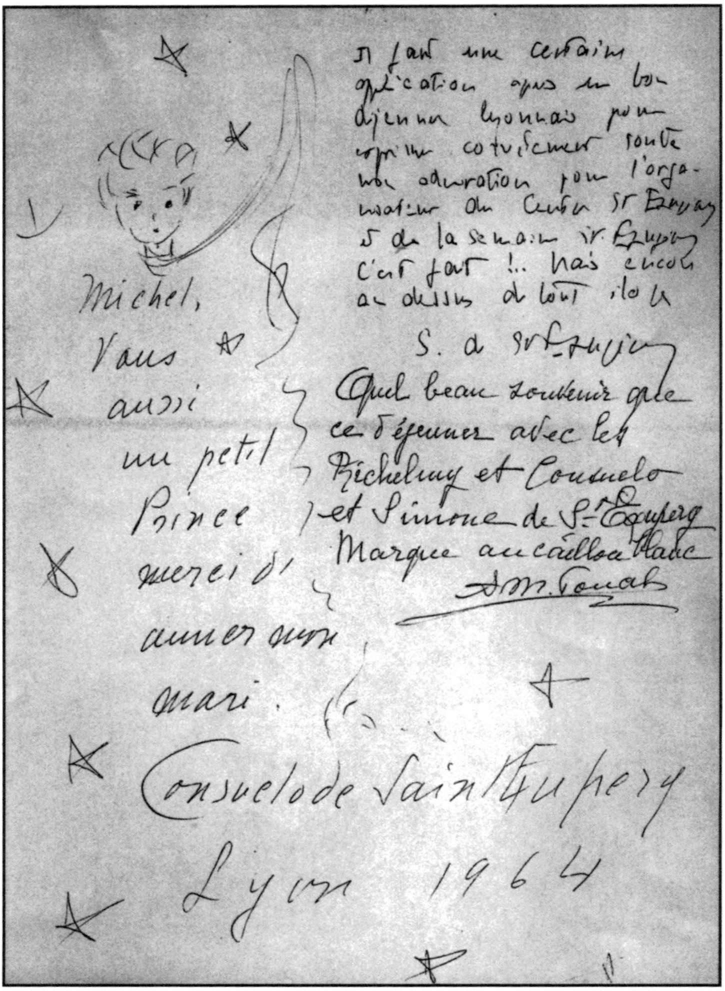

Michel,
Vous aussi un petit Prince merci d'aimer mon mari.
Consuelo de Saint Exupery
Lyon 1964

Il faut une certaine application après un bon déjeuner lyonnais pour exprimer correctement toute mon admiration pour l'organisateur du Centre St Exupéry et de la semaine St Exupéry. C'est fait !.. Mais encore au dessus de tout [illegible]
S. de St Exupéry

Quel beau souvenir que ce déjeuner avec les Richelmy et Consuelo et Simone de St Exupery
Marqué au caillou blanc
A.M. Poncet

Sur une édition rare du «Petit Prince», trois dédicaces :
- à gauche (avec un dessin), celle de Consuelo, épouse d'Antoine ;
- à droite, en haut, celle de Simone, une des soeurs d'Antoine ;
- en bas, celle d'Anne-Marie Poncet, le professeur de musique de Saint-Maurice-de-Rémens. Lyon, 1964 - (coll. Michel Richelmy).

Le récit de cette aventure nous vaudra, dans *Terre des Hommes*[1] , qui paraîtra en février 1939, un des textes les plus poignants de la littérature française.

CONSUELO

Consuelo : tout le monde connaît l'histoire de la rencontre de «l'ours» et de «l'oiseau des îles», d'Antoine et de Consuelo Suncin, née au Salvador, jeune et belle veuve du diplomate et écrivain Enrique Gomez Carrillo. Elle racontait souvent elle-même comment Saint-Exupéry, lui donnant le baptême de l'air en Argentine, lui avait dit : «Embrassez-moi» et comment elle avait refusé jusqu'à ce que le pilote lui dise : «Vous ne voulez pas m'embrasser parce que je suis laid !»

Cet aimable épisode se transforma bientôt en passion et ils se marièrent à Agay le 23 avril 1931. Toute l'histoire de ce couple est faite de séparations subites et de réconciliations explosives, mais aussi d'un indiscutable attachement. Etrange alliance en effet d'un homme aimant la vie certes, mais qui privilégiait les cheminements intérieurs, d'un écrivain qui ne se nourrissait que d'action et d'une jeune femme mystique et volubile, douée d'une imagination débordante. Les circonstances –les missions de l'aviateur, la guerre– ne furent pas de nature à favoriser l'harmonie du couple. Peut-être faut-il considérer que Consuelo souffrait quelque peu de l'opposition polie mais réelle que lui manifestait une partie de sa belle famille et quelques amis de son «Tonio».

1) (Chapitre III - Les camarades)

PRIERE QUE DOIT DIRE CONSUELO
CHAQUE SOIR

Seigneur, ce n'est pas la peine de vous fatiguer beaucoup. Faites-moi simplement comme je suis. J'ai l'air vaniteuse dans les petites choses mais, dans les grandes choses, je suis humble. J'ai l'air égoïste dans les petites choses mais dans les grandes choses, je suis capable de tout donner, même ma vie. J'ai l'air impure, souvent, dans les petites choses, mais je ne suis heureuse que dans la pureté.

Seigneur, faites-moi semblable, toujours, à celle que mon mari sait lire en moi.

Seigneur, Seigneur, sauvez mon mari parce qu'il m'aime véritablement et que, sans lui, je serais trop orpheline. Mais faites, Seigneur, qu'il meure le premier de nous deux parce qu'il a l'air comme ça, bien solide, mais qu'il angoisse trop quand il ne m'entend plus faire du bruit dans la maison. Seigneur, épargnez-lui d'abord l'angoisse. Faites que je fasse toujours du bruit dans sa maison, même si je dois, de temps en temps casser quelque chose.

Aidez-moi à être fidèle et à ne pas voir ceux qu'il méprise ou qui le détestent. Ça lui porte malheur parce qu'il a fait sa vie en moi.

Protégez, Seigneur, notre maison.

Votre Consuelo.

Amen !

En tout cas, tout comme elle avait glorifié Gomez Carrillo, Consuelo, après 1944, remplit son univers du souvenir de Saint-Exupéry, parfois d'ailleurs de façon insolite. Un soir, tandis que, dans son appartement de la rue Barbet-de-Jouy, rempli de peintures, de masques, de chevalets, se pressait une foule d'invités aux profils multiples : Roger Caillois, un père dominicain, le peintre Dominguez, d'autres artistes, un ancien de l'Aéropostale, elle se mit à réciter, avec beaucoup d'émotion la «prière» composée par son mari. Elle ajouta en riant : «Seigneur, délivrez-moi du fisc !» (car il est vrai qu'elle eût, toute sa vie, quelques difficultés avec cette administration). En 1945 elle avait écrit *Oppède*, récit d'un séjour avec l'école d'Architecture de Montpellier et des artistes réfugiés en 1940 dans ce village du Luberon. Elle se révélait peintre et sculpteur de talent (elle fut l'élève de Bourdelle)[1].

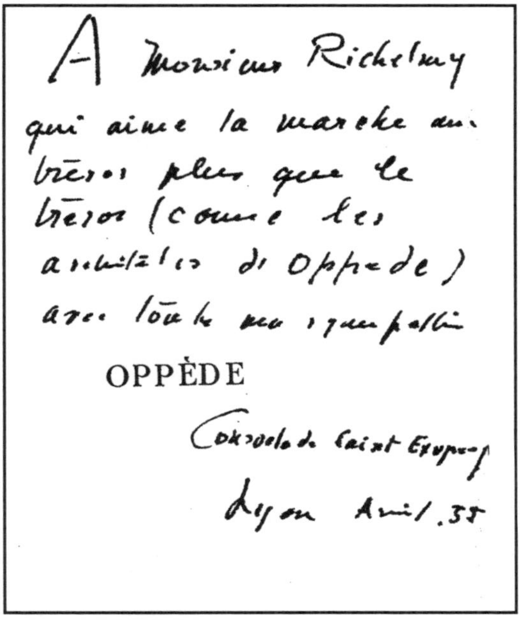
A Monsieur Richelmy
qui aime la marche au
trésor plus que le
trésor (comme les
architectes di Oppède)
avec toute ma sympathie
OPPÈDE
Consuelo de Saint Exupéry
Lyon Avril .55

1) Consuelo est décédée le 28 mai 1979, à l'âge de 78 ans.

-IV-
« *Vol de nuit* »

Vol de nuit, préfacé par André Gide et dédié à Didier Daurat, parut en 1931 et obtint le prix Fémina. Le drame se joue sur deux plans. D'une part avec le pilote Fabien, dans l'avion de Patagonie, qui lutte dans la nuit, d'autre part, à terre, où Rivière, le chef, porte la responsabilité des vols de nuit et de la mort de Fabien. Dans ce roman, ce sont les expériences personnelles de l'auteur qui en représentent l'armature. L'essentiel, c'est bien le problème qui obsède Rivière : le but général justifie-t-il les sacrifices individuels ?

Vol de nuit c'est aussi le roman de l'énergie nécessaire dans le monde de l'aviation, énergie dont feront preuve les Jacques Néri, radio, les Jean Macaigne, navigateur, les Guillaumet, les Reine, les Riguelle et combien d'autres. Plus que cela, c'est la recherche d'une attitude humaine face aux exigences de l'action. Mais il faut souligner également la qualité narrative de l'ouvrage. L'unité d'action d'abord, car tout part de Rivière et tout aboutit à lui. Ensuite, les images, nombreuses et riches comme toujours : le veilleur, le berger, le forgeron, le fond de mer, le torrent noir, etc.

Bien que Saint-Exupéry ne l'ait jamais précisé, le Rivière du roman passe pour être le Didier Daurat de l'Aéropostale. Ce dernier, bien qu'il lui ressemblât à certains égards, contestait cette similitude sans toutefois la nier absolument. Quoi qu'on ait pu dire sur la dureté du chef, inflexible, ce roman, le dernier, n'a pas fini de servir de référence. Dans *le Figaro*[1] pendant la guerre du Golfe : «Le lieutenant feuillette le bouquin (la Pléiade). Existe-t-il meilleures leçons sur le commandement que celles données par Rivière dans *Vol de Nuit* ? Là-bas, dans quelques jours, au milieu du désert, ce sera le temps du Petit Prince.» Luigi Dallapiccola en fera un opéra (créé à Florence, en 1939).

Air France

Mais l'Aéropostale est en crise. Intérêts financiers, implications politiques, pressions syndicales, rivalités au sommet et c'est la liquidation judiciaire (mars 1931) –Didier Daurat est contraint d'abandonner son poste, Saint-Exupéry, par solidarité, le suit. Tous deux quittent ce creuset de la fraternité. De la fraternité et du courage tranquille ; Jean Macaigne dira, en effet, lors d'un entretien à Lyon, le 23 avril 1967 : «Chaque fois que nous montions dans notre avion, nous étions sûrs d'avoir un incident ou un accident.»

–Aviez-vous peur ? lui demandions-nous. –Non. Peut-être un peu d'appréhension. Nous étions sur-

1) Septembre 1990.

tout inquiets pour le courrier». Mermoz également, avait répondu, à Joseph Kessel : «Peur ? Non, ça ne peut pas s'appeler ainsi. Je ne peux pas te l'expliquer. Seuls les camarades peuvent comprendre. C'est une affaire entre nous.»

Après la création d'Air France (mai 1933) qui scelle la disparition de l'Aéropostale, Didier Daurat est finalement repris comme inspecteur général, et Saint-Exupéry est embauché chez... Latécoère comme pilote d'essai. Il eut par malchance un accident avec un hydravion qu'il essayait à Saint-Raphaël. C'est le seul de tous ses accidents qui soit imputable à une faute de pilotage. Dans la baie de Saint-Raphaël, l'eau glacée qui emplit les poumons lui paraît tiède, et l'invite au mol et pacifiant abandon. Mais la mort lui laisse un sursis de onze ans.

Puis, la Compagnie le nomme à son service de propagande, le 26 avril 1934. En mission à Saïgon, une panne de moteur l'oblige à amerrir dans l'embouchure du Mékong. En attendant du secours, il passe la nuit avec son ami, Pierre Gaudillière, dans un décor mi-terrestre, mi-aquatique, devisant au milieu des moustiques et d'une faune croassante. «Je me souviens seulement, dit Gaudillière, qu'il avait rêvé tout haut de cette communion de la terre et des hommes dont le delta se trouve exclu.» A son second voyage, il peut visiter Angkor et sa forêt. Mais, confie-t-il à sa sœur : «J'aime mieux la forêt de Fontainebleau. Il y fait moins chaud.»

1935. Tournée de conférences en Méditerranée avec Jean-Marie Conty, organisateur du voyage, et

Prévot, mécanicien, sur Simoun. Escales : Casablanca, Alger, Tunis, Tripoli, Bebghazi, Le Caire, Alexandrie, Damas, Beyrouth, Istanbul, Athènes.

Entre deux voyages, il retrouve Paris. Il habite alors 5, rue Chanaleilles, dans le quartier Grenelle-Varennes. Il demeurera successivement 15, place Vauban, 52, rue Michel-Ange, puis 24, rue Barbet-de-Jouy. «Quand il le put, il choisit ses appartements au dernier étage de grands immeubles, en plein ciel. Son appartement de la place Vauban, d'où il dominait le dôme doré des Invalides et une multitude de toits de Paris, son appartement de la rue Michel-Ange, où, dès le vestibule, la grande glace vous reflétait en pied, rose et mieux portant et dont la terrasse, ornée d'un maigre rosier grimpant, vous permettait de découvrir tout le Val de Seine.»

Mais l'argent file vite à Paris. Il mange au restaurant, invite des amis. Il a un domestique russe, Boris, qui dépense magnifiquement les droits d'auteur de son maître, et fait son marché en taxi. Les dettes s'accumulent. Il lui arrive d'être privé de téléphone (et pour lui c'est grave car il ne cesse de téléphoner), de gaz et d'électricité, parce qu'il ne paye pas les factures. De temps en temps un huissier sonne à sa porte et remet une sommation d'un créancier à bout de patience. Plus tard, parlant de ces difficultés et faisant allusion aux feuilles bleues apportées par l'huissier, il dira avec un sourire un peu triste : «C'était l'époque bleue». Jamais de sa vie, il ne sut économiser. A Henri et Noëlle Guillaumet, qui se plaignaient un soir d'avoir perdu 600 000 francs dans une affaire, il dira : «Si Henri faisait comme moi, vous n'en seriez pas là ! Seigneur, comment ferais-je 600 000 francs d'économies ?»

Fin avril, Pierre Lazareff qui dirige la rédaction de *Paris-Soir* (les deux couples resteront très liés) demande à Saint-Exupéry de faire un reportage à Moscou à l'occasion du 1er mai 1935. Le voici donc journaliste. Il frôle la mort une fois de plus : l'avion géant soviétique «Maxime Gorki» (40 tonnes) s'écrase le lendemain du vol qu'il a effectué à son bord. Ce voyage lui fournira cependant le chant final de *Terre des Hommes* : il a découvert, dans un train de réfugiés polonais, un visage d'enfant : Ce sera le fameux «Mozart assassiné». Grand reporter, il le sera plus tard, en Espagne, pendant la guerre civile, pour le compte de *L'Intransigeant* qui s'ouvre le 19 août 1936 sur un titre qui fera le tour du monde : «On fusille ici comme on déboise.»

Raids inachevés

Une prime de 150 000 francs est offerte à qui battrait le record du pilote français, André Japy, Paris-Saïgon en 87 heures. Saint-Exupéry pense qu'avec le Caudron Simoun, avion rapide, à hélice à pas variable et à volets d'intrados, il est possible d'améliorer sensiblement cette performance. Après quinze jours à peine de préparatifs et dans une extrême improvisation, il quitte Le Bourget, le 29 décembre 1935, en compagnie du fidèle mécanicien Prévot. Après une première panne en Méditerranée, entre Benghazi et Le Caire, il perd sa direction et heurte le sommet d'un plateau de sable du désert égyptien, non loin de la frontière de Lybie. L'avion, dont quelques mois auparavant, au cours d'un essai enthousiaste il s'était écrié : «C'est un pur-sang !», est inutilisable. Après trois jours et trois nuits d'errance, de mirages, sans boire, les deux aviateurs sont sauvés par une caravane. La famille Raccaud qui exploite un chantier à quelques kilomètres les recueille.

Saint-Exupéry écrit, dans *Terre des Hommes* : «Eau, tu n'as ni goût, ni couleur, ni arôme (...). Tu n'es pas nécessaire à la vie : tu es la vie.» Et plus loin : «Quant à toi qui nous sauves, Bédouin de Libye, tu t'effaceras à jamais de ma mémoire (...) Tu es l'Homme et tu m'apparais avec le visage de tous les hommes à la fois (...) Tu es le frère bien-aimé.»

Sa femme et ses amis, qui trois jours et deux nuits durant, dans le hall de l'hôtel du Pont-Royal, ont assuré une espèce de vigie de l'espérance, célèbrent le sauvetage chez Lipp, après avoir câblé trois mots qui valent toutes les effusions : «Sommes tellement heureux». En effet, le retour de l'aviateur malchanceux fut presque triomphal, tant avait été grande l'angoisse de ses amis... de sa mère, qu'il remercie de sa puissante tendresse : «C'est pour vous, maman, que l'on rentre. Vous si faible, vous saviez-vous à ce point ange gardien, et forte, et sage, et si pleine de bénédictions, que l'on vous prie, seul dans la nuit ?» De cette mère tant aimée, la comtesse Marie de Saint-Exupéry[1],

1) décédée le 2 février 1972, à l'âge de 97 ans.

il nous reste le souvenir d'émouvantes rencontres à Cabris, à Lyon et à Divonne et deux petits ouvrages : *J'écoute chanter mon arbre*[1] et *Souvenirs*[2].

En 1936, il conçoit l'avion à réaction, prélude à quatorze brevets relatifs à l'atterrissage de nuit ou à la détection électromagnétique. Il apprend, avec une douloureuse tristesse, la disparition de Jean Mermoz (7 décembre) dans l'Atlantique Sud. Il perd ainsi l'un de ses deux plus fidèles amis, «ses frères», dira-t-il. L'autre, Henri Guillaumet, pris au milieu d'un combat aérien anglo-italien, sera abattu en 1940.

Avec l'indemnité qu'il reçoit de la compagnie qui assurait le Simoun, il fait l'achat d'un autre appareil, et part en mission pour le compte du ministère de l'Air, en 1937, pour une longue randonnée Casablanca-Tombouctou-Dakar-Oran-Atar, «où j'ai couché, écrit-il à Guillaumet, dans l'espoir des grandes orgies dont on m'avait parlé. Malheureusement, le colonel est vertueux, et on a plutôt chanté des cantiques.» Ce voyage n'a rien rapporté à Saint-Exupéry, si ce n'est la satisfaction d'avoir «réglé un vieux compte avec le désert».

Voler, encore voler. En 1938, il dépose une proposition au ministère de l'Air pour une tentative de raid New York-Terre de Feu, toujours à bord d'un Simoun. Après l'acceptation du ministère, il s'embarque pour New York le 15 février, d'où il s'envole sans encombre pour Guatemala. Un accident très grave, son cinquième, se produit au

1) imprimé par Darantière, Dijon en 1964.

2) imprimé par Berthod, Bourg-en-Bresse en 1969.

décollage. Probablement par suite d'un malentendu avec l'employé autochtone, chargé d'effectuer le ravitaillement de l'avion en essence, les réservoirs furent complètement remplis, ce qui entraînait une surcharge importante compte tenu des conditions locales (le terrain de Guatemala est situé à 1500 m d'altitude). Au moment du décollage, l'avion très alourdi, n'ayant pu prendre une vitesse suffisante avant l'extrémité de la piste, s'écrasa mais, par miracle, ne prit pas feu. Son exceptionnelle baraka allait-elle l'abandonner ? On retira le pilote et son mécanicien sanglants et inanimés. Saint-Exupéry resta cinq jours dans le coma (fracture du crâne et de multiples fractures des membres). Des séquelles douloureuses l'importunaient encore un an plus tard.

«*Terre des Hommes*»

Pendant sa convalescence à New York, il assemble et met au point les textes de *Terre des Hommes* qu'il achèvera à Paris. André Gide lui avait en effet suggéré d'écrire une série de récits sans lien direct entre eux : souvenirs, émotions, réflexions sur le métier. Le résultat fut éloquent, avec ses huit chapitres (La Ligne - L'avion - Les hommes - Dans le désert, etc.) et comme toujours, chez l'auteur, une chute dont on se souvient : «Seul l'Esprit, s'il souffle sur la glaise, peut créer l'Homme.» Le livre devait paraître en France, et porter le même titre que la traduction *Wind, Sand and Stars*. Finalement, avec l'aide de son cousin André de Fonscolombe, Saint-Exupéry choisit un nouveau titre, *Terre des Hommes*, pour l'édition française (mars 1939). Dès sa parution, le livre eut beaucoup de succès, tant aux Etats-Unis où les Américains, qui aiment les étiquettes, l'appelèrent le «Joseph Conrad de l'Air», qu'en France, où il fut couronné par le Grand Prix du Roman de l'Académie française, peut-être sous la pression d'Henri Bordeaux, que Saint-Ex avait rencontré l'hiver précédent, lors d'un voyage en Allemagne, voyage dont il était revenu terrifié par la montée du nazisme et par les préparatifs militaires qu'il avait vus.

Lithographie d'un artiste russe (1985).

(Coll. Centre Saint-Exupéry).

Enfant,
à Saint-Maurice-de-Rémens.

Antoine,
à la Villa Saint-Jean, chez les Marianistes de Fribourg (1915).
(Don de Simone de Saint-Exupéry).

16 octobre 1960. A l'initiative du Centre Saint-Exupéry, inauguration d'une plaque commémorative sur la maison natale d'Antoine de Saint-Exupéry. Pendant l'allocution de Michel Richelmy.
(Coll. de l'auteur).

Le vestibule et la salle à manger du château de Saint-Maurice-de-Rémens, près d'Ambérieu-en-Bugey (Ain). (Cl. Alatfa).

Maquette du Bréguet 14 A2 des lignes Latécoère.
Moteur 300 CV. Premier vol du prototype : 1916
(Musée de l'Air).

Agay. 23 avril 1931.
Mariage de Saint-Exupéry.
(Don de la comtesse Consuelo. Coll. de l'auteur).

Saint-Exupéry et son mécanicien Prévot,
devant le Caudron Simoun avec lequel
ils vont tenter de battre
le record Paris-Saïgon
(Diffusion Rivory. Coll. de l'auteur).

29 décembre 1935.
Saint-Exupéry embrasse sa femme Consuelo, avant le départ pour le raid Paris-Saïgon.
(Don de la comtesse Consuelo.
(Coll. de l'auteur).

Médaille gravée par la comtesse Consuelo de Saint-Exupéry, offerte à l'auteur en 1970.

23 avril 1967. Cérémonie devant la maison natale, à Lyon, 8, rue Alphonse-Fochier, pour le 20e anniversaire du Centre Saint-Exupéry. De gauche à droite, le colonel Bruyère, commandant la base aérienne de Bron, le colonel d'Astorg, représentant le Gouverneur militaire, M. Ninin, Secrétaire général de la Préfecture, Mlle Simone de Saint-Exupéry, soeur d'Antoine, la comtesse Marie, mère d'Antoine, Mme Ruby, vice-président du Conseil général du Rhône. Au deuxième rang à droite, M. Rude, sous-préfet, historien de l'aviation et M. Gagnaire, maire de Villeurbanne.

Ils furent parmi ses proches...

La comtesse Marie de Saint-Exupéry, **mère d'Antoine**, en 1935.
(Coll. de l'auteur).

Marcel Rivière, en 1960, grand reporter, conseiller municipal de Lyon, le jour de l'inauguration de la plaque commémorative. **En 1940, il eut un ultime entretien, à Lyon, avec Antoine de Saint-exupéry.**
(Coll. Centre Saint-Exupéry).

André de Fonscolombe, son cousin germain, en 1977, à Saint-Maurice-de-Rémens.
Le confident.
(Coll. Centre Saint-Exupéry).

Charles Sallès.
Le grand ami d'enfa
(Coll. Michel Duvernay).

Consuelo, **l'épouse** et Didier Daurat, l'âme de l'Aéropostale.
Création de la rose Saint-Exupéry, en 1968.
(Coll. de l'auteur).

Henri Guillaumet, en 1939.
Le compagnon de l'Aéropostale.
Héros de la cordillère des Andes.
(Coll. de l'auteur).

Jean Macaigne à Lyon, en 1977
(extrait du bulletin *La Ligne*).

Dédicace
(extr. du bulletin "La ligne").

Pour Jean Macaigne
qui est un vieux camarade de la
ligne, qui a bourlingué dans
tous les ciels de l'Aéropostale puis
d'Air France, qui a écrit sur
le métier et avec qui j'ai
bu d'innombrables pots dans
d'innombrables tavernes.
Avec le plus amical de
mes souvenirs.

Antoine de Saint-Exupéry.
(Alger 1943)

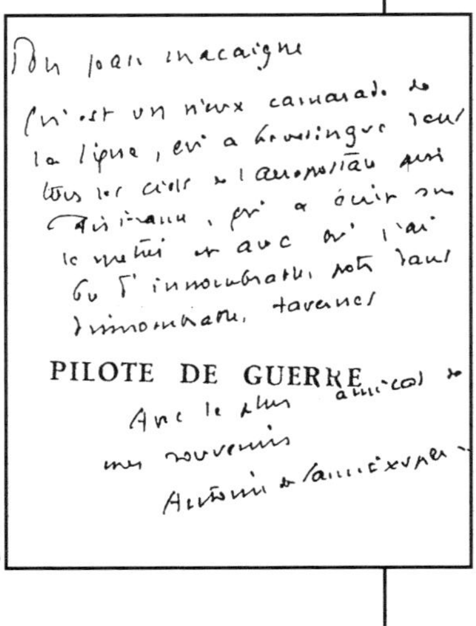

Le général Gavoille, ici, en 1972
(conférence à Ambérieu-en-Bugey).
**Le chef d'escadrille, à Orconte,
puis en Corse.**
(Don de M. Christian Gavoile,
filleul de Saint-Exupéry).

Jacques Néri.
Le radio de Saint-Exupéry.
(Coll. M. Duvernay).

Jean Dutertre, ici en 1977.
**Le lieutenant observateur de la
fameuse mission sur Arras, en 1940.**
(Coll. Centre Saint-Exupéry).

Le général René Chambe.
La «lettre au Général X»
(Don de la famille Jarrosson).

Souvenirs philatéliques et postaux

Ça m'est bien égal d'être tué en guerre,
De ce que j'ai aimé que restera-t-il ?

Antoine de Saint-Exupéry

RÉPUBLIQUE FRANÇAISE
MARIANNE de DULAC 1944-1994
La Poste
2,80
RF
POSTES
JOURNÉE DU TIMBRE
Antoine de Saint Exupéry
1944 1994
30 - X - 1994
01 St MAURICE DE REMENS
50e anniversaire
de la disparition d'Antoine de Saint-Exupéry
Le château de Saint- Maurice-de-Rémens (Ain).

POSTE AÉRIENNE
FIRST DAY COVER
Editions J. F.
ANTOINE DE SAINT EXUPERY
POSTE AERIENNE
RF
SAINT EXUPERY
69 LYON R.P.
19 - 9
1970
(2E ARR.)
N° 17036
PREMIER JOUR
D'ÉMISSION
FIRST DAY COVER

M.J.C. SAINT-EXUPERY
XXE ANNIVERSAIRE
5-6
FEV.
66
51 - REIMS
MAISONS DES JEUNES ET DE LA CULTURE
1945 - 1965
0,25
POSTES
REPUBLIQUE FRANÇAISE
1945 - 1946
1965 - 1966
SPÉCIALE
XXème Anniversaire
Centre Saint-Exupery
16 rue Joseph Serlin
LYON 1er
FOYER SAINT-EXUPÉRY
Maison des Jeunes et de la Culture
1, rue Werlé - REIMS

Recto verso d'une carte postale de juillet 1930.

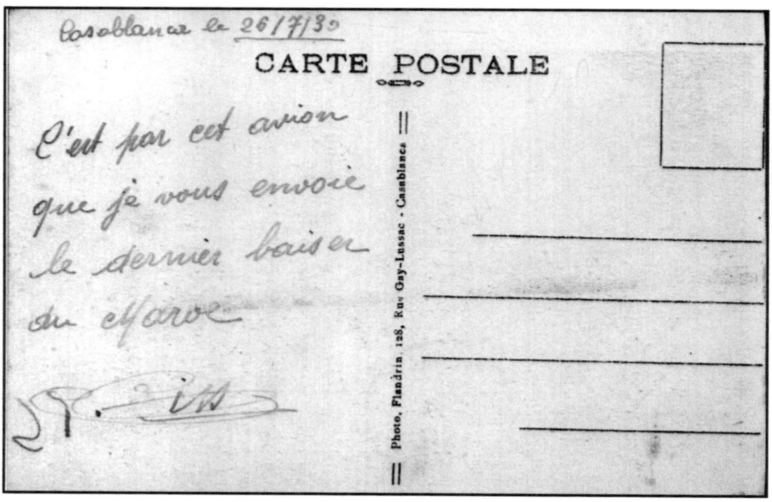

PAR AVION
1944-1994
50e anniversaire de
la disparition de
Saint-Exupéry
50ème ANNIVERSAIRE DE LA DISPARITION
Saint Exupéry
31 VII 1994
20 BORGO
POSTE AERIENNE
RF
5.00
AÉROGRAMME
M
Souvenir Saint Exupery
Journée du 31 juillet 1994
Chateau Saint Exupéry
01500 SAINT MAURICE DE REMENS

PREMIER JOUR D'ÉMISSION
N° 12
HISTORIQUE
F.D.C.
REPUBLIQUE FRANÇAISE
JEAN MERMOZ
ANTOINE DE SAINT-EXUPERY
20,00
POSTE AERIENNE
JEAN MERMOZ-ANTOINE DE SAINT-EXUPERY
PREMIER JOUR
19 SEPT. 1970
69-LYON
ANTOINE DE SAINT-EXUPÉRY
Auteur de « Courrier du Sud »

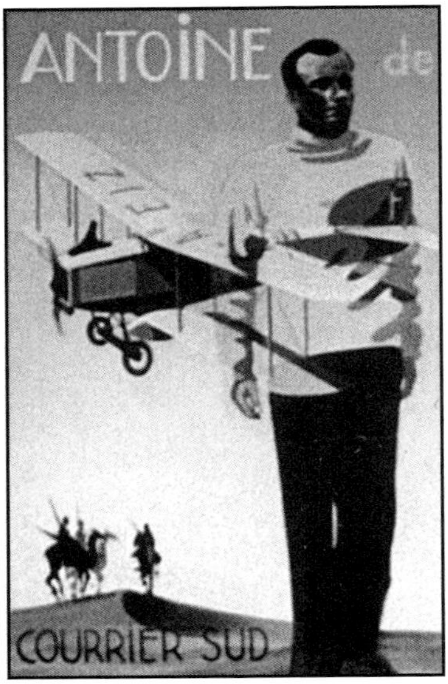

Quatre toiles de Dominique Maunoury, consacrées à l'oeuvre de Saint-Exupéry.
Exposition au Grand Hôtel Concorde de Lyon,
organisée par le Centre Saint-Exupéry et la galerie Marouska, (été 1994),
avec le concours du ministère du Tourisme,
à l'occasion du 50e anniversaire de la disparition de l'écrivain.

-V-
La guerre

En juillet 1939, Saint-Exupéry accomplit la traversée aller et retour de l'Atlantique avec Guillaumet, à bord du «Lieutenant-de-Vaisseau-Paris»[1]. A la déclaration de guerre, il est d'abord affecté à Toulouse, où les médecins le déclarent inapte au pilotage d'avions militaires. On lui propose le service de propagande dirigé par Giraudoux. Mais il ne veut absolument pas jouer le rôle d'un simple témoin. A force d'insistance, il obtient d'être versé dans un service actif. Ce sera en Champagne, au Groupe de reconnaissance 2/33.

Laissons parler le général René Gavoille qui fut son moniteur, son compagnon d'armes et devint son ami : «C'est début décembre 1939, à Orconte, petit village entre Saint-Dizier et Vitry-le-François, sur terrain boueux, en bordure de la Marne, dans un petit café transformé en popote, qu'eurent lieu nos premières rencontres. Alors jeune officier, je suis, comme mes camarades, animé de préjugés défavorables et je crains l'homme de lettres, le rêveur ennemi de l'action.»

---

1) A l'époque, record de la traversée.

«C'est un géant au corps d'athlète, les yeux étonnés sous des paupières lourdes, le front haut très dégagé, le visage très épanoui avec un rien d'effarement. Une maladresse sympathique émane de son corps gauche maintes fois brisé au cours d'une carrière de pilote déjà longue et pleine d'aventures : il avait près de 10 000 heures de vol, sur quels avions et dans quelles conditions !»

«Bien que timide et modeste et arrivant avec une certaine prévention contre les militaires, il ne fléchit pas sous le cercle de curiosité générale. Il laisse demeurer l'écrivain à l'écart pour n'offrir que l'homme et la surprise de tous se transforme bien vite en admiration, en amitié et l'atmosphère de notre groupe l'enchante[1].»

Le groupe 2/33 sera transféré ensuite à Orly, puis à Nangis, près de Fontainebleau.

«Pilote de guerre»

Les vols de reconnaissance se succèdent au-dessus du front qui se défait. Une des dernières missions de l'escadrille eut lieu le 23 mai 1940.

Qui mieux que Jean Dutertre (retiré à Rillieux-la-Pape, dans la région lyonnaise comme colonel), peut parler du raid sur Arras qui servit d'argument à Saint-Exupéry pour écrire *Pilote de Guerre* ? Il fut en effet, à bord du Bloch 174 n°24,

---

1) Conférence à Lyon - 15 avril 1964.

2) Décédé en 1992.

le lieutenant observateur, au cours de cette périlleuse mission. Lors d'un entretien, en septembre 1984, avec André Revillon, vice-président du Centre Saint-Exupéry, il déclarait :

«Quand Saint-Exupéry est arrivé, je n'étais pas de ceux qui l'auraient reçu les bras ouverts, qui se seraient facilement liés avec lui.» Mais il poursuivait : «La fraternité entre les hommes le passionnait. Sa vie, c'était la vie en communauté, avec les amis. Il ne se sentait bien que dans le groupe de l'escadrille.»

A propos de cette mission, Jean Dutertre raconte :

«On a vu la bataille autour d'Arras. On est passé juste sur une division de chars qui était en train de se regrouper. Et une Panzer qui se regroupe est très protégée contre l'aviation. On a été en plein dans le faisceau de sa défense anti-aérienne. L'avion n'a pas été touché par des balles, mais il a été choqué par un obus qui a explosé et qui a envoyé des éclats et percé un réservoir. Il a été désaxé et on a cru un moment qu'il tombait. Et puis non ! Saint-Exupéry a rétabli la situation.» La mission sur Arras valut au pilote une citation à l'ordre de l'Armée de l'Air, avec attribution de la Croix de Guerre avec palme.

Sur l'œuvre elle-même (*Pilote de Guerre*), qui sera publiée en février 1942 à New York, sous le titre de *Flight to Arras*, relisons les propos de Marie-Joëlle Guillaume, agrégée de Lettres[1] : «Si *Pilote de Guerre* m'a toujours paru son livre le

---

1) Bulletin *La Ligne*, avril 1977.

plus émouvant et humain, c'est parce qu'il n'y a plus de littérature. Affronter la mort pour autrui, c'est beau et c'est grand. Mais le faire dans l'échec, l'absurdité, la tentation du dégoût de soi-même et des autres, la tentation du doute aussi, et sortir victorieux de tout cela, voilà qui donne une autre portée. (...) *Pilote de Guerre* ne dissimule rien des responsabilités des chefs dans la défaite. Mais il les assume. Puisque je suis d'eux, je ne renierai jamais les miens, quoi qu'ils fassent (...) Le chef est celui qui prend tout en charge. Il dit : j'ai été battu. Il ne dit pas : mes soldats ont été battus (...) La grande leçon de *Pilote de Guerre* n'est pas dans les mots. Elle est dans les actes.»

Saint-Exupéry a parlé avec ferveur de ses compagnons d'armes de 39-40, notamment de Hochedé, de Gavoille, de Sagon, de Alias, de Jean Israël que nous devions retrouver, plusieurs années après, aux commandes d'une Caravelle pour un vol inaugural à partir de Lyon.

Pilote de Guerre sera interdit en France, sous l'occupation allemande, mais édité clandestinement à Lyon, en 1943 et à Lille, en 1944. Et cette longue méditation sur la défaite, sur la patrie, sur la civilisation «héritant de Dieu (qui) a fait les hommes frères en l'Homme», sur la liberté, n'en finira pas de nourrir une authentique réflexion chez tous ceux qui veulent donner un sens à leur vie.

Le Farman de la liberté

Mais les événements se précipitent. C'est la débâcle. Il revoit Consuelo à la Feuilleraie (propriété que le couple avait louée peu avant la guerre à Lavarennes-Jarcy) et va rejoindre l'Afrique du Nord en subtilisant à l'aérodrome de Bordeaux-Mérignac un énorme quadrimoteur Farman à peine achevé où s'entasse un groupe hétéroclite de pilotes, de techniciens et de quelques civils. Après une escale à Perpignan, c'est l'arrivée à Alger.

Le 31 juillet 1940 –date prémonitoire– il est démobilisé. Le 5 août, il débarque à Marseille et va s'installer chez sa sœur, Gabrielle. Il fait un voyage à Paris avec Drieu La Rochelle, un autre à Vichy dont il revient découragé, un autre à Lyon, Marcel Rivière raconte :

«Saint-Ex. à Lyon ! Lorsque, le 29 octobre 1940, un de nos jeunes reporters, René Leynaud, lança la nouvelle d'une voix étranglée, dans notre salle de rédaction (*Le Progrès*), ce fut comme un branle-bas de fête.»

Ils se donnent rendez-vous dans un des bistrots de la rue des Marronniers. Là, Saint-Exupéry parle du capitaine de réserve Jean Schneider, un des pilotes de son escorte du vol sur Arras. Schneider a été abattu par un Messerschmitt et a sauté en parachute de son Dewoitine en feu. «Brûlé, labouré, il va marcher d'Arras à Strasbourg.» Tous deux, se croyant mutuellement morts, se retrouveront à Paris. «C'est en murmurant, comme s'il s'excusait d'avoir raté une carrière qu'il nous fit cette confidence : «Je voulais être marin. Le ciel m'a pris au lieu de la mer» –«Mais la mer s'est bien vengée», note sobrement Marcel Rivière.

L'Amérique

Le 5 novembre 1940, c'est le départ pour le Portugal, via le Maroc. Il arrive de 16 à Lisbonne, dont il nous a laissé une si poétique description, dans les premières pages de *Lettre à un otage*. En décembre, il s'embarque pour New York, à bord du Sibonay. Janvier 1941, il habite un appartement au 21e étage du 240, Central Park South. Au printemps, il fait un séjour en Californie, chez ses amis Lindbergh. Enfin, avec sa femme, il s'installe dans une grande maison de Long Island. Il écrit alors simultanément *Pilote de Guerre* et *Le Petit Prince*. Dans son logis californien, il reçoit un autre ami expatrié, André Maurois :

«Il travaillait la nuit. Après le dîner, il parlait, contait, chantait, faisait des tours de cartes, puis, vers minuit, tandis que les autres allaient se coucher, il s'asseyait à sa table. Je m'endormais. Vers deux heures du matin, des cris dans l'escalier me réveillaient : «Consuelo, Consuelo... J'ai faim. Viens me faire des œufs brouillés.» Consuelo descendait. Réveillé, je les rejoignais, et de nouveau Saint-Exupéry parlait. Rassasié, il se remettait au travail. Nous tentions de dormir. Pas pour longtemps... car deux heures plus tard la maison retentissait d'appels claironnants : «Consuelo ! Je m'ennuie. Viens faire une partie d'échecs.» Puis il nous lisait ce qu'il venait d'écrire et Consuelo, poète elle-même, suggérait d'ingénieux épisodes.»

Au mois de mai 1942 il part faire une tournée de conférences au Canada. On sait combien son éloignement de France lui pesait. Là commence cette tristesse intérieure qui l'accompagnera jusqu'à la fin de sa vie. C'est l'époque du *Message aux jeunes Américains*. Le 29 novembre, devant les micros de la N. b. c. au lendemain du débarquement anglo-américain au Maroc et en Algérie, il lance son appel «aux Français de partout». «Abandonnons tout esprit de parti. Au nom de quoi, nous haïrions-nous ?» (message traduit en américain par Charles Boyer). Il a du beau monde autour de lui : entre autres, Geneviève Tabouis, Denis de Rougemont, André Maurois, Pierre Lazareff, Henry de Kérillis, Alexis Léger, Pierre Cot, Henri Claudel, Jacques Maritain (lequel sera sans complaisance pour Saint-Exupéry qu'il juge trop conciliateur). Il refuse obstinément de prendre parti parmi les clans français qui se déchirent aux Etats-Unis. Comme ils se déchireront un an plus tard en Algérie.

A cela s'ajoutent les jalousies qu'engendre sa notoriété auprès des Américains après la parution de *Flight to Arras*, en 1942. Mais il n'est pas fait pour les intrigues, surtout quand elles sont entretenues par des Français. «D'abord la France», clame-t-il.

Quand il quittera les Etats-Unis, nous dira Consuelo, ce sera avec un double sentiment : satisfait d'avoir contribué, par sa présence et par ses livres, à redorer le blason de notre pays mais meurtri par l'incompréhension de ses compatriotes.

«Le Petit Prince»

Après le succès de *Pilote de Guerre*, il publie à New York en février 1943, *Lettre à un otage*, bouleversant hymne à l'amitié, dédié à Léon Werth. Puis, le 6 avril 1943, *Le Petit Prince*, «cette sobre chanson de mélancolie et de tendresse, cette apologie du cœur aimant» (Pierre-Henri Simon). Conte pour enfants ? Oui, car ils y trouvent le merveilleux et –pour l'avoir présenté très souvent à de jeunes garçons et filles, voire à des adolescents– nous avons observé que ce récit pénétrait au plus profond de leur imaginaire et de leur sensibilité. Livre pour adultes ? Egalement, lui qui expose avec tant de pertinence la mystérieuse alchimie de la relation, de l'amitié et de l'amour, avec cette pointe mystique qui l'habitera tout au long de sa vie : «J'aurai l'air d'être mort et ce ne sera pas vrai...» Il avait confié une fois à un ami : «Je voudrais écrire à la fois le livre de Consuelo et le conte de nos promenades intérieures, je l'appellerais «Le Petit Prince» et, pour l'illustrer, on mettrait des petits garçons partout, puisque nous n'avons pas d'enfant.»

Consuelo n'aimait guère que l'on évoque le caractère allégorique de l'œuvre : la fleur capricieuse était-ce bien elle ? Elle disait cependant que ce conte était une grande lettre d'amour. Fort heureusement, car d'autres missives existent qui n'ont pas cette délicatesse envers elle...

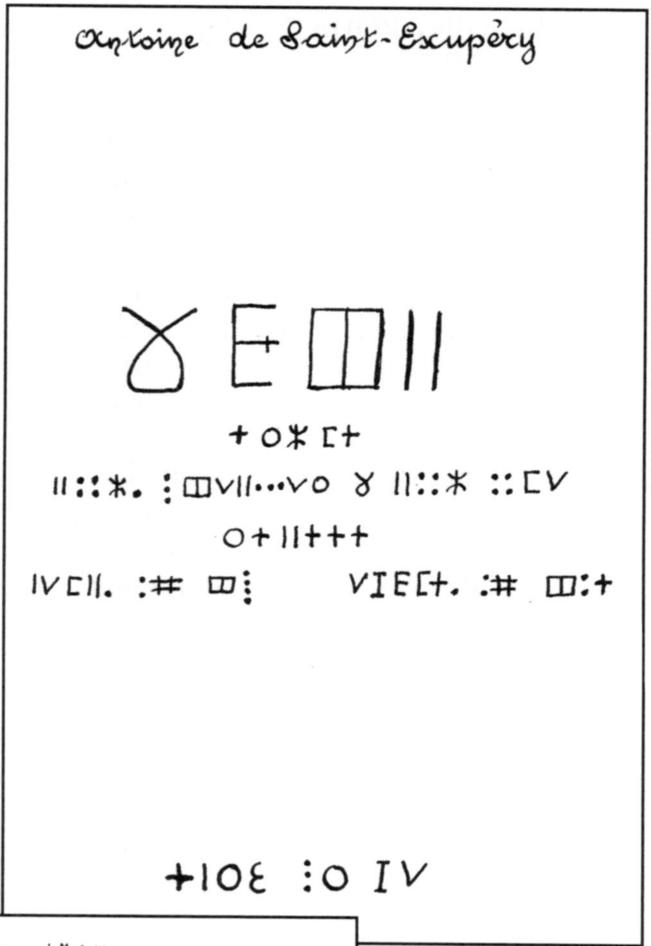

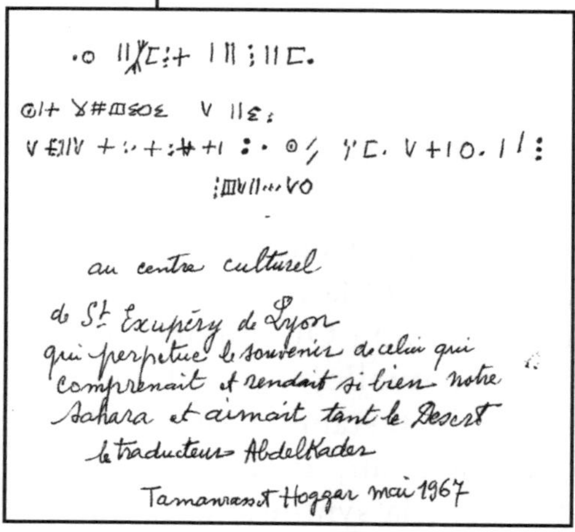
au centre culturel
de St Exupéry de Lyon
qui perpétue le souvenir de celui qui
comprenait et rendait si bien notre
Sahara et aimait tant le Désert
le traducteur AbdelKader
Tamanrasset Hoggar mai 1967

«Le Petit Prince»
traduit dans la langue des
«hommes bleus»,
en caractères tifinars,
par un érudit musulman,
Abdelkader El-Hadj
qui l'offrit au centre
Saint-Exupéry
en mai 1967.

«J'AI BESOIN, POUR ÊTRE, DE PARTICIPER»

15 mars 1943. Il reçoit sa feuille d'embarquement pour l'Afrique du Nord, et s'installe en mai 43 chez le docteur Georges Pelissier, 17, rue Denfert-Rochereau à Alger. Dès lors, il n'a de cesse qu'il ne soit revenu au combat. Il multiplie les démarches. Il est d'abord affecté à Laghouat. L'escadrille de Gavoille, sur P.38, est à Oujda sous commandement américain. «Je ne peux être écouté que si mes camarades et moi avons engagé notre chair pour nos idées», car, écrit-il dans *Life*, il aime son pays «et aimer, c'est participer, c'est partager». Il obtient, grâce à l'intervention d'Eliott Roosevelt, d'y être affecté, et revient à Maison-Blanche, où il parfait son entraînement sur Lightning : «J'ai piloté l'engin de course», écrit-il avec l'enthousiasme d'un jeune homme. Il veut accomplir des missions de guerre... mais la décision appartient aux Américains. On lui objecte son âge de 43 ans : la limite d'âge des pilotes de Lightning était de 30 ans, la moyenne de 19 à 25 ans...

LETTRE AU GÉNÉRAL X

Cette lettre, de juin 1943, fut-elle écrite à La Marsa, près du Tunis, où il rejoint la 7e armée américaine, ou bien à Oujda (Maroc) ? Qu'importe. Ce texte, dans sa partie spirituelle, est sublime. C'est, en quelque sorte, le testament moral de Saint-Exupéry. Simone, sa sœur, disait que ces quelques pages constituaient la synthèse la mieux exprimée de sa quête et de son tourment. En voici quelques passages[1].

«Tout cela pour vous expliquer que cette existence grégaire, au cœur d'une base américaine, ces repas expédiés debout en dix minutes, ce va-et-vient entre les monoplaces de 2 600 chevaux dans une sorte de bâtisse abstraite où nous sommes entassés à trois par chambre, ce terrible désert humain, en un mot, n'a rien qui me caresse le cœur. Ça aussi, comme les missions sans profit ou espoir de retour de juin 1940, c'est une maladie à passer. Mais je ne me reconnais pas le droit de ne pas subir cette maladie. Voilà tout. Aujourd'hui je suis profondément triste –et en profondeur. Je suis triste pour ma génération qui est vide de toute substance humaine. (…)

«Ah ! général, il n'y a qu'un problème, un seul de par le monde. Rendre aux hommes une signification spirituelle, des inquiétudes spirituelles. Faire pleuvoir sur eux quelque chose qui ressemble à un chant grégorien. (…)

«Redécouvrir qu'il est une vie de l'esprit plus haute encore que la vie de l'intelligence, la seule qui satisfasse l'homme. Ça déborde le problème de la vie religieuse qui n'en est qu'une forme (bien que peut-être la vie de l'esprit conduise à l'autre nécessairement). Et la vie de l'esprit commence là ou un être «un» est conçu au-dessus des matériaux qui le composent. (…)

---

1) Cette lettre parut pour la première fois dans *le Figaro Littéraire* du 10 avril 1948.

«Si je suis tué en guerre, je m'en moque bien. Ou si je subis une crise de rage de ces sortes de torpilles volantes qui n'ont plus rien à voir avec le vol et font du pilote, parmi ses boutons et ses cadrans, une sorte de chef comptable (le vol aussi, c'est un certain nombre de liens). Mais si je rentre vivant de ce «job nécessaire et ingrat», il ne se posera pour moi qu'un problème : que peut-on, que faut-il dire aux hommes ?»

A qui s'adressait Saint-Exupéry ? Le plus souvent, on a pensé au général Chambe. Les deux hommes se connaissaient bien et s'appréciaient. Cependant Henri Alias[1] affirme que cette lettre –jamais expédiée– était en réalité destinée au général Diego Brosset, futur libérateur de Lyon. On a également cité le nom du général Bethouart.

Le général Chambe

L'évocation de la mémoire du général René Chambe[2] nous paraît importante. Né à Lyon, comme Antoine de Saint-Exupéry, aviateur à partir de 1915 (il fut général de brigade aérienne) après avoir été officier de hussards, écrivain (auteur de vingt-trois ouvrages), il fut étroitement mêlé, en 1943, aux événements d'Afrique du Nord. Ministre de l'Information, puis chef du Cabinet Militaire du général Giraud, il eut maintes fois l'occasion de rencontrer Saint-Exupéry, ainsi qu'en témoignent certains documents familiaux.

---

1) Revue *Icare*, n°108.

2) 1889-1983.

En novembre 1940, les deux aviateurs passèrent quelques instants à Alger puis voyagèrent au Maroc. Plus tard, en 1943, René Chambe, venant de la France occupée et Saint-Exupéry, arrivant des Etats-Unis, se retrouvent à Alger au moment où s'amorce la compétition de Gaulle/Giraud. Puis ils partirent en mission de propagande dans les camps d'instruction de l'armée. René Chambe fut un intermédiaire précieux entre Saint-Exupéry et les autorités américaines pour que ce dernier obtienne l'autorisation de voler sur Lightning.

Leur dernier entretien eut lieu au mois de juillet 1943, à Sadi-bou-Saïd. Saint-Exupéry se livra : «Que reste-t-il de notre civilisation à nous, où le spirituel a été massacré ? Jamais l'esprit n'a été plus qu'aujourd'hui écrasé sous la matière. Que restera-t-il de nos avions, de nos Buick et de nos Hotchkiss, de nos transistors, de nos camions et de nos frigidaires ? (...)»

On sait que le général Chambe est un des destinataires possibles de la «Lettre au général «X», jamais postée. A ce sujet, il écrit : «S'il m'est permis d'émettre un avis, je dirai qu'il est vraisemblable qu'elle m'était destinée. Saint-Exupéry reprend en effet dans ce texte les thèmes que je lui ai, à plusieurs reprises, entendu développer au cours de nos entretiens en tête à tête. On y retrouve ce thème du «désert humain» dont il s'est servi plusieurs fois en me parlant, à Sidi-bou-Saïd, par exemple.

«Et puis, surtout, il y a dans cette lettre cette phrase qui m'a frappé et n'a pu être écrite qu'à mon intention : «Il ne reste rien que la voix du robot de la propagande (pardonnez moi) se rapportant –estime René Chambe– à l'époque des tournées de propagande. Me voici commis-voyageur en propagande» avait goguenardé Saint-Exupéry.»

Il est surprenant qu'aucun ouvrage n'ait, à ce jour, été consacré à ce général, personnage hors du commun, cavalier, aviateur, écrivain, héros de la guerre 14-18. Grand Officier de la Légion d'Honneur, n'ayant pas hésité, pendant la campagne d'Italie, à ôter ses deux étoiles pour combattre, comme simple soldat, aux côtés des tirailleurs algériens.

-VI-
LE 31 JUILLET 1944

La première mission photographique de son nouvel engagement, il l'accomplit le 21 juillet 1943, au-dessus de la vallée du Rhône. Le 31, il effectue un mauvais atterrissage et l'Etat-major américain en profite pour lui signifier, une fois de plus, qu'il a atteint la limite d'âge. Le commandant Antoine de Saint-Exupéry (il a été promu le 25 juin) est mis en «réserve de commandement». Le général de Gaulle, amer qu'il ne l'ait pas rejoint à Londres, confirme[1]. Il en profite pour travailler au manuscrit de *Citadelle*. Cependant, le colonel Chassin parvient, quelques mois plus tard, à le faire réaffecter dans le service actif (31e escadre de bombardement, en Sardaigne).

Mais, ce qu'il attendait, c'était de rejoindre le 2/33, celui de 1939-40. Chassin et lui, après maintes démarches, parviennent à rencontrer à Alger le général Eaker, grand patron de l'aviation U.S. en Méditerranée. Celui-ci se laisse toucher et l'autorise à assurer cinq missions. Et le voici, détaché au groupe 2/33, de nouveau avec son ami

---

1) Saint-Exupéry, malgré plusieurs sollicitations, n'avait pas jugé bon de rejoindre les Forces françaises libres, après la défaite de 1940, sans pour autant soutenir le nouveau régime de l'état français. Choix politique ? Choix d'efficacité ?
La préface des «*Ecrits de Guerre*» (1982) signée Raymond Aron, constitue, nous semble-t-il, une analyse particulièrement pertinente de la position de Saint-Exupéry vis-à-vis de Vichy, de Giraud et du gaullisme.

Gavoille. Nous sommes au mois de mai 1944 à Alghero (Sardaigne). Le 17 juillet, le groupe s'installe à Borgo (Corse). Quand les conditions météorologiques ne permettaient pas de faire des sorties sur la métropole, nous a raconté René Gavoille, les pilotes allaient à la pêche, organisaient des réceptions bien arrosées pour les camarades de passage et Saint-Exupéry, capable de virer, en un éclair, du noir au beau fixe, n'était pas le dernier à mettre de l'ambiance. Pour les moments plus calmes, il avait inventé le «Jeu des six lettres», ancêtre du Mastermind.

Et les vols se succèdent. Ni Gavoille[1], ni Chassin, ni Pénicaut (lieutenant-colonel, ancien du 2/33) ne réussiront à dissuader Saint-Exupéry de poursuivre ses missions. Fin juillet 1944, il a largement dépassé le contingent accordé. Le 31, ce sera la dixième. La dernière.

A 8h 45, il s'envole à bord du Lightning P 38 F 5B n°223, pour une mission d'observation sur la région Grenoble-Annecy. Une des lettres laissées dans sa chambre est destinée à son ami Pierre Dalloz, qui se termine par cette phrase terrible et bouleversante : «Si je suis descendu, je ne regretterai absolument rien. La termitière future m'épouvante et je hais leur vertu de robots. Moi, j'étais fait pour être jardinier.»

Son retour est prévu peu avant 13 heures. A 14 heures, Saint-Exupéry n'est toujours pas rentré. Sur le terrain, les visages se ferment. Cependant,

1) Décédé en 1993.

ASSOCIATION Louis Roederer
SUR LES TRACES DE SAINT EXUPERY

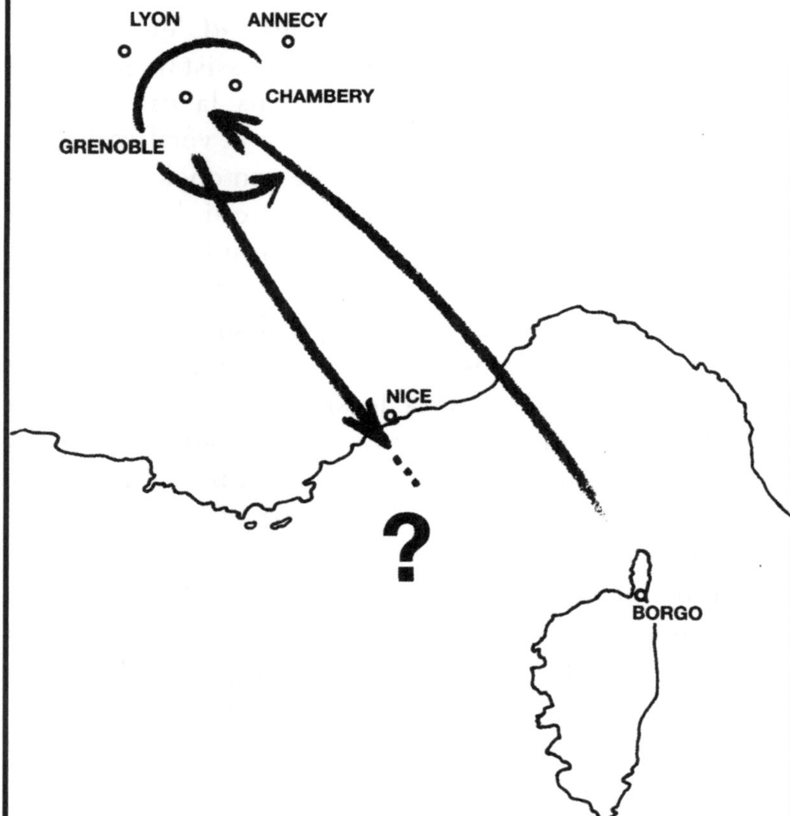

31 juillet 1944
La dernière mission de SAINT-EXUPÉRY

on garde espoir : incroyable qu'il soit sorti vivant de toutes les péripéties de l'Aéropostale, incroyable qu'il ait résisté à sa marche dans le désert, incroyable qu'il ait survécu après l'accident de Guatemala, incroyable qu'il ait réussi à délivrer son avion du guêpier d'Arras, alors il n'est pas croyable qu'il ait disparu.

Le général Gavoille, soucieux, nous confiera le 5 mai 1972, à Meyzieu (Rhône) : «C'était la première fois depuis 1939 que je n'assistais pas à son habillage, à son installation dans la cabine, à la mise en route de ses moteurs, à la vérification de sa carlingue, à la fermeture de son cockpit, à l'enlèvement des cales, à son départ qui devait être le dernier. Qu'a-t-il pensé de l'ami infidèle ?»

On a, ça et là, formulé plusieurs hypothèses : panne d'inhalateur, ennuis mécaniques, suicide même (sa mère, dans le silence de la cécité qui déjà l'atteignait, nous avait dit, à Cabris, combien elle était meurtrie que quelqu'un puisse imaginer une telle fin pour son Tonio). La revue *Icare* (n°96) a fait une révélation –documents à l'appui– selon laquelle, vers midi, le Lightning de Saint-Exupéry aurait été abattu en mer par un Focke-Wulf 190 D9 piloté par l'aspirant Heichele, en patrouille double avec le sergent Hogel. Heichele a lui-même été tué et est enterré à Dagneux, dans l'Ain, à quelques kilomètres de Saint-Maurice-de-Rémens…

Cette version des faits, tout en étant considérée comme vraisemblable, est controversée. Quoi qu'il en soit, qu'il nous soit permis de reprendre ici le bel envoi de Jean Lasserre, rédacteur en chef d'*Icare* : «Si ce 31 juillet à midi, dans le ciel de Provence, un pilote allemand a vraiment rencontré l'avion de l'auteur de *Terre des Hommes*, comme nous aurions aimé, comme vous auriez aimé dire à l'aspirant Robert Heichele : «Ne tirez pas, c'est Saint-Ex !»

31* ESCADRE DE BOMBARDEMENT

ETAT-CIVIL

ACTE DE DISPARITION

Nous, soussigne MORTIER J.M., Capitaine, Officier d'Etat-Civil de la 31* Escadre de Bombardement certifions que le nomme de SAINT EXUPERY, Antoine, Jean, Baptiste, Marie, Roger, fils de ______ et de ______ ne le 29 Juin 1900 a LYON departement du Rhone, Commandant inscrit sous le N* ______ dunregistre matricule, a disparu le 31 Juillet 1944 au cours d'une mission sur la France et que, depuis cette epoque, toutes les recherches auxquelles il a ete procede pour decouvrir son sort, sont demeurees infructueuses.

CIRCONSTANCES DE LA DISPARITION

Le Commandant A.de St.EXUPERY a decolle le 31.7.1944 a 8 H 35 sur le P.38 F.5.B. N* 223 pour effectuer une mission cartographique dans la Region de GRENOBLE ANNECY.
Les Radars n'ont entendu aucun appel et n'ont interceptes que des avions reconnus et rentres, jusqu'a ce que l'autonomie maximum de l'avion soit atteinte. A la suite d'une demande de renseignements adressee a tous les terrains du bassin Mediterranneen, le Cdt. A de St.EXUPERY a ete porte disparu

Fait a S.P.99031 le - 8 SEP 1944

l'officier d'Etat-Civil de la
31* Escadre de Bombardement

Capt. Mortier

Reçu : 13.9.44
N° 4704

-VII-
Une pensée, un style

Comment Saint-Exupéry, qui était le contraire d'une tête brûlée et d'un activiste, a-t-il pu, en vingt-cinq ans seulement d'une vie d'adulte, accumuler une telle somme d'aventures ? Chaque période de son existence a été marquée par un écheveau de voyages, de rencontres, d'écrits, de lettres, d'inventions, de passions. Comment, dès lors, a-t-il pu laisser une si grande place à la réflexion, à la méditation, puis à l'écriture ? C'est qu'il fut un personnage d'une prodigieuse créativité, doué d'un esprit de synthèse très poussé. En un mot, un philosophe de l'action.

Il considérait l'écriture comme une expression d'excellence[1]. C'est la raison pour laquelle, après une première mouture, dictée ou écrite, il prenait tant de soin –et tant de peine !– à la mise au point définitive.

Plusieurs aspects littéraires méritent attention. Par exemple, les incessants passages, souvent abrupts de l'action à la réflexion ou de la narration au dialogue, comme dans *Pilote de Guerre*. La mise en situation est fréquente, directe, cour-

---

1) A propos de la vérité de l'écriture, on se reportera avec profit à la méticuleuse préface de l'édition de la Pléïade, due à Roger Caillois.

te, presque incisive. Les mots eux-mêmes dont il voulait qu'ils aient tout leur poids de vérité, sont ajustés jusqu'au scrupule. Le rythme, celui des chapitres, mais aussi la cadence des phrases, avec des césures qui renvoient à la poésie («Ton retour Guillaumet : tu décidais, avare/de nous le refuser»)[1]. Renée de Saussine rapporte une boutade –révélatrice– de l'auteur : «Mieux vaut encore une faute de français qu'une faute de rythme»[2]. Nous devons également souligner la pertinence des adjectifs, la force des images, voire le choc des métaphores.

Certes, il convient de moduler ces appréciations à la lecture de *Citadelle* –manuscrit non relu– encore que certains passages (le bonheur, le jardinier, l'hymne au silence, entre autres) contiennent, dès le premier jet, les qualités littéraires et évocatrices dont nous parlons.

On sent bien que c'est une littérature vivante, qui n'est pas née dans le secret d'un cabinet. Antoine de Saint-Exupéry, chacun le sait, a trouvé dans le «métier» –mot qu'il prisait particulièrement– le sel même de sa pensée.

Plusieurs écrivains ont probablement exercé une influence sur lui. En particulier Giraudoux, dont la phrase donne une signification humaine à toute chose. Le retour des guerriers, dans *Citadelle*, ne nous offre-t-il pas une onde venue du «Discours aux morts» de *La Guerre de Troie n'aura pas lieu* ?

---

1) *Terre des hommes.*

2) Lettres de Jeunesse.

Comment ne pas trouver également, comme l'a souligné André A. Devaux, une convergence sérieuse entre Saint-Exupéry et Teilhard de Chardin ? André Gide, lui, conseillait, tantôt admiratif, tantôt persifleur. A une autre échelle, il faut parler de Jean Prévost, ainsi que le rapporte sa fille Françoise, dans un entretien avec Michel Lonsdale et Paul Grob[1] :

«Il (Saint-Exupéry) venait souvent à la maison (...). C'est mon père qui l'a forcé le premier à écrire. Un jour, mon père l'a enfermé dans sa chambre et lui a dit : tu auras ton petit déjeuner quand tu auras écrit trois pages !»

Il trouva d'autre part en Nelly de Voguë, tendre et fidèle correspondante de toute une vie, les affinités intellectuelles dont il avait besoin. Dans sa «garde rapprochée» littéraire, nous devons également citer Curtice Hitchcock, son éditeur américain et, bien sûr, son cousin germain, André de Fonscolombe, homme d'esprit et de distinction à qui il faisait lire tous ses manuscrits.

Difficile maintenant de dégager l'essentiel de la pensée de Saint-Exupéry, Georges Pélisser disait qu'il n'avait jamais rencontré un homme qui ait plus de noblesse et plus de bonté. Un tel homme, malgré son tourment et parfois son désespoir en face d'une époque en folie (et il n'avait pas tout vu), ne pouvait que laisser une empreinte forte. Tentons d'en relever quelques aspects.

---

1) *Hebdo*, 25 octobre 1975.

Jules Roy[1], pour éviter le mot «héros» écrit : «Disons, par exemple, que Saint-Exupéry est un chevalier. Ce ne sont pas les chevaliers qui provoquent les guerres. Ils s'y jettent les premiers, comme jadis, pour défendre gratuitement la cause de leur foi.» Le pilote de guerre fut de ceux-là, car il lui importait la défense du bien commun et la sauvegarde de la civilisation. C'est la première empreinte : l'esprit de chevalerie ou, si l'on veut, le sens de la responsabilité qui conduit nécessairement au dépassement.

Le deuxième message (mais eût-il accepté ce mot ?), c'est celui de la fraternité des hommes, celle qui naît des combats communs, des angoisses communes, des rêves communs. Ses «camarades», ce ne sont pas ses «potes», ce sont ses frères. Et il les respecte. Il cherche sans cesse à enrichir les liens qui l'unissent à ceux qu'il aime. Gabriel Marcel, apôtre de l'existentialisme chrétien, ne s'y était pas trompé. Un soir de 1967, à l'issue du spectacle «Saint-Exupéry» donné, au Petit Odéon, par la Compagnie Renaud-Barrault, nous avions rencontré ce philosophe de la relation et il nous avait dit qu'il considérait Antoine de Saint-Exupéry comme un des plus fidèles continuateurs de sa pensée.

Sens de la responsabilité, fraternité. Nous vient une troisième marque de cette empreinte : l'invitation à se délivrer de la mort intérieure pour finalement s'accomplir, là où est la vie de l'esprit.

---

1) Atlas Magazine, *juillet 19621.*

Vie de l'esprit ? Celle qui conduit à Dieu ? Saint-Exupéry en a envisagé l'éventualité (*Lettre au général X*). Et lui-même ? Dans ses livres, la référence divine est constante. Mais il n'était pas porté par la foi de son enfance. Il acceptait d'être comme imprégné, sans rejet.

Il faut aussi tenter de trouver une explication dans son culte pour l'Homme, dans son projet pour l'Homme. Ils sont tels que Saint-Exupéry lui donne une dimension cosmique. Il est demeure privilégiée de Dieu. C'est pour Saint-Exupéry une certitude.

Quand, pour lui, tout fut achevé ici-bas, et que se turent les moteurs de son P 38, le dernier chant de son «Hymne au silence»[1] l'enveloppa pour l'éternité : «Silence, port du navire. Silence en Dieu, port de tous les navires.»

---

30) *Citadelle*, ch.XXXIX.

- VIII -
L'ÉDUCATION DE LA PERSONNE OU QUE FAUT-IL DIRE AUX JEUNES ?

Si dense et aventureuse est la vie de Saint-Exupéry, si riches sont ses réflexions sur l'Homme et son existence, si populaires sont ses œuvres, que pourraient passer inaperçus un certain nombre de ressorts pédagogiques qui émaillent de façon récurrente sa réflexion.

Cet homme d'exception, à la fois pilote, écrivain, mathématicien, inventeur, journaliste, qui ne fut pas attiré par l'enseignement et ne joua jamais au maître à penser, suscite cependant de la part du monde de l'éducation, un intérêt qui ne s'est jamais démenti.

Prenons quelques exemples. En 1962, une de ses pensées sur la responsabilité devient un sujet au baccalauréat. Un livret de chez Hachette (collection Classiques illustrés Vaubourdolle-1965) lui est consacré avec devoirs et dissertations à l'appui. En 1994, un colloque est organisé à la Sorbonne, autour de son œuvre, sous la direction du professeur Autrand.

Des lycées, des collèges, des groupes scolaires, partout en France, portent son nom. On ne compte plus également les instituteurs qui organisent avec leurs élèves des travaux sur *Le Petit Prince* : ici, un jeu dramatique, là une exposition de dessins, ailleurs des chansons inventées par les enfants pour chacune des planètes visitées. Et il faut aussi mentionner des associations de jeunesse ayant pris cet auteur pour référence, à Villeurbanne, à Reims, à Paris, à Strasbourg. Il faudrait parler également de tous ceux qui le citent abondamment : gens d'église, lors de cérémonies religieuses, hommes politiques ou conférenciers, en mal d'une chute signifiante, responsables qui veulent réchauffer le cœur, journalistes à la recherche d'une référence.

Comment expliquer aussi que *Le Petit Prince* ait été traduit en plus de soixante-dix langues ou dialectes et que *Terre des Hommes* figure parmi les plus forts tirages du livre de poche ?

Il y a bien là matière à réfléchir sur les ressorts éducatifs de l'œuvre d'Antoine de Saint-Exupéry.

Quelle éducation ?

La première observation qui vient à l'esprit est celle de savoir de quelle éducation il s'agit.

En ouvrant les ouvrages de Saint-Exupéry, le lecteur, même s'il sait (ou s'il sent) qu'il va vers un enrichissement intellectuel ou spirituel, n'a pas, a priori, le désir d'acquérir des connaissances nouvelles ou une compétence particulière. Il a conscience de ne pas aborder un traité de littérature contemporaine ou un dictionnaire de la philosophie. Tout au plus sait-il qu'il pénètre dans la pensée d'un moraliste.

Dès lors, deux constats s'imposent. Premièrement, l'éducation, dont le lecteur peut bénéficier, a ici toute sa signification, puisque son objet n'est ni identifié immédiatement ni quantifiable par la suite et qu'il offre la polyvalence la plus large. L'éducation est ainsi de l'ordre de l'être.

En second lieu, ne connaissant pas la teneur de la substance qu'il va découvrir, il part, en quelque sorte, à l'aventure. Restera-t-il étranger au texte ? Va-t-il peu à peu comprendre puis faire sienne une pensée qui le transcende ?

S'il doit y avoir éducation, qui de lui ou de l'auteur va assumer le plus gros travail ? Quelle que soit l'ouverture d'esprit et l'attention de celui-là, c'est bien d'abord celui-ci qui est le moteur de l'éducabilité.

En effet, le lecteur, s'il ne trouve pas ce qu'il est venu chercher, ou si ce qu'il trouve le rebute, a toujours la faculté de refermer le livre ou de simplement parcourir l'œuvre, puisqu'il n'est pas là pour apprendre. Saint-Exupéry, lui, est toujours présent. Et tout le talent qu'il déploie consiste à «apprivoiser» celui qui a imprudemment suivi le Petit Prince sur sa planète. Plus ou moins vite s'établira une communication intense entre les deux. Echange intérieur. Education ? Les choses entrevues, puis découvertes, puis assimilées, vont alors exercer sur lui une influence, mieux, une puissance qui donnera (ou qui justifiera) le sens de sa vie.

Mais qu'on ne s'y trompe pas ! La réflexion qui lui est offerte, nourrie le plus souvent par le «métier», va au-delà d'une vague notion de culture générale au nom de laquelle chacun s'autoriserait, par exemple, à glaner de-ci de-là, une pensée, une maxime percutante ou un exemple révélateur.

Il s'agit donc, nous l'avons observé, d'une part, d'une donnée anthropologique qui ne conduit pas à une accumulation de connaissances, d'autre part, de rapports éducatifs qui nécessitent une inter-activité. Nous pensons d'ailleurs que celle-ci sera favorisée par le fait qu'en l'occurrence, l'élève n'aura jamais l'impression d'être absorbé par le maître. Ce dernier, en effet, écrit avec assez de détachement pour devenir, en quelque sorte, un tiers. Constamment, il s'efface derrière l'avion, derrière ses compagnons Mermoz, Alias, Hochedé ou Israël, derrière la patrie qui souffre, les Américains à convaincre, la cité à construire ou encore les camarades à secourir.

Un autre point nous semble essentiel à mesure que l'on avance dans l'étude de ce qui, chez Saint-Exupéry, élève l'homme : on ne sent pas en lui une volonté éducative. Dès lors, nous est épargnée la dualité éducation/pédagogie puisque l'auteur n'a pas à mettre en œuvre une méthodologie à l'usage de l'enfant, du lecteur «lambda» ou de l'historien. Il ne cherche ni à endoctriner ni à instruire. Son apport est simplement existentiel.

On ne trouvera donc pas dans son œuvre –même si les métaphores sont nombreuses et bien choisies, et si la structure du discours facilite le cheminement intellectuel– une pédagogie cadrée.

Par exemple, ce n'est pas Alain qui insiste sans cesse sur l'apprentissage répétitif de la lecture, de l'orthographe, du langage, considérés comme les supports prioritaires de l'imagination créatrice. Ce n'est pas non plus Maria Montessori qui rêve d'intégrer la vie pratique et la vie sociale dans l'ensemble culturel de l'enfant, de façon qu'il progresse rapidement. C'est encore moins ce Monsieur Lubin, de George Sand, qui inventait de véritables instruments de torture, propres, disait-il, à apprendre convenablement l'écriture.

Le propos de Saint-Exupéry serait plus proche d'un Péguy évoquant ces professeurs qui «bravent tout (...) pour sauver ce qui peut être encore sauvé...» ou d'un Bergson dont le «supplément d'âme» peut être un moteur éducatif comparable à la «vie de l'esprit» de Saint-Exupéry.

Cependant, le caractère universel de l'œuvre ne doit pas nous conduire à élargir à l'infini son champ d'exploration. Il est si tentant de s'approprier des segments entiers de ce que l'on pourrait appeler l'humanisme ou d'envelopper, dans une même approche, la patrie, la civilisation, la recherche de Dieu, l'amour, l'adéquation être/participation, etc.

Il nous faut donc compartimenter une œuvre qui est d'une rare cohérence. Ce qui est bien difficile mais est nécessité par le choix-même de cette réflexion.

«Il y a tout dans Saint-Exupéry» proclamait un professeur enthousiaste. Mais nous devons nous limiter ici aux éléments constitutifs de tout ce qui permet, dans la pensée de l'auteur, de mieux saisir ce qu'est la responsabilité et la vérité de son être, en un mot de dégager ce qui chez lui, contribue à l'éducation de la personne.

Notre sujet nous conduit à déterminer trois leviers principaux : les récits eux-mêmes, les notations à caractère humaniste ou spirituel, enfin les leçons plus spécifiquement éducatives. Commençons par ces dernières.

Les «leçons» à travers trois textes

Elles ne sont évidemment pas groupées. On les découvre, disséminées dans toute l'œuvre, bien intégrées dans leur contexte. Elles sont très ciblées et le plus souvent ont pour sujet l'enfant. Nous retiendrons trois textes significatifs.

«Mozart assassiné»

Le premier est extrait de *Terre des Hommes* («Les Hommes»). S'achevant sur le tragique «Mozart assassiné». Louis Barjon, présentant ce texte[1] écrit : «Vivante promesse, l'âme de l'enfant sera-t-elle, en son printemps, flétrie, faute d'une attention vigilante ?»

Saint-Exupéry, au cours d'un voyage dans l'est de l'Europe, s'est assis, dans le train, en face d'un

1) *L'Educateur,* Ed. X. Mappus, Le Puy, 1946.

couple d'ouvriers polonais. Un enfant dormait. «Ah ! Quel adorable visage ! (...) Il était né de ce couple-là une sorte de fruit doré. Il était né de ces lourdes hardes cette réussite de charme et de grâce (...) Voici Mozart enfant, voici une belle promesse de la vie. Les petits princes des légendes n'étaient point différents de lui : protégé, entouré, cultivé, que ne saurait-il devenir ! (...) Mais il n'est point de jardinier pour les hommes (...) C'est quelque chose comme l'espèce humaine et non l'individu qui est blessé ici, qui est lésé (...). Ce qui me tourmente, ce ne sont ni ces creux ni ces bosses, ni cette laideur. C'est un peu, dans chacun de ces hommes, Mozart assassiné.»

La démonstration est claire. Tout enfant porte en lui le germe de son accomplissement. Faut-il encore qu'il soit «accompagné» pour qu'il se construise.

«Les Baobabs»

Une deuxième page est révélatrice. Voici que, dans la toute première partie de leur rencontre, Saint-Exupéry et le petit prince en viennent à évoquer les baobabs. «... Sur la planète du petit prince, il y avait comme sur toutes les planètes, de bonnes herbes et de mauvaises herbes. Par conséquent de bonnes graines de bonnes herbes et de mauvaises graines de mauvaises herbes. Mais les graines sont invisibles. Elles dorment dans le secret de la terre jusqu'à ce qu'il prenne fantaisie à l'une d'elles de se réveiller. Alors elle s'étire, et pousse d'abord timidement vers le soleil une ravissante petite brindille inoffensive. S'il s'agit d'une brindille de radis ou de rosier, on peut la laisser pousser comme elle veut. Mais s'il s'agit d'une mauvaise plante, il faut arracher la plante aussitôt, dès qu'on a su la reconnaître. Or, il y avait des graines terribles sur la planète du petit prince... C'étaient les graines de baobabs. Le sol de la planète en était infesté. Or, un baobab, si l'on s'y prend trop tard, on ne peut jamais plus s'en débarrasser. Il encombre toute la planète. Il la perfore de ses racines. Et si la planète est trop petite, et si les baobabs sont trop nombreux, ils la font éclater.»[1]

Autour de cette parabole des baobabs, s'inscrit le fondement d'une éducation. Les graines d'abord. Elles dorment dans chaque enfant, bonnes ou redoutables.

Mais sans attendre qu'apparaissent les premières brindilles, on pourrait se poser des questions : comment enrichir la terre qui contient ces graines ? Quels aliments spirituels, affectifs et culturels vont favoriser l'éclosion prochaine de bonnes graines ? Quel accompagnement pédagogique les parents, les maîtres, les éducateurs ont-ils choisi pour les enfants ?

Et voici qu'apparaissent, insensiblement, les premières brindilles. Qui saura faire le tri entre celles que l'on peut garder et celles qu'il faut arracher ?

---

1) Cette image de la graine «qui élève la terre au rang de cantique et l'offre au soleil» (*Citadelle*, CLXXXI) revient souvent sous la plume de l'auteur.

Mais revenons au texte. Antoine de Saint-Exupéry n'imagine pas que, toute leur vie, les enfants vont être protégés, assistés et qu'en somme, on fera le ménage à leur place. Il s'adresse à eux : «Faites attention aux baobabs !» C'est dire que, grâce à l'éducation qu'ils auront reçue, ils devront savoir un jour eux-mêmes d'abord reconnaître la mauvaise plante, puis l'arracher.

Les petits d'hommes

Avec son exhortation aux éducateurs[1], troisième texte retenu, Antoine de Saint-Exupéry parle plus directement encore. En voici quelques extraits.

«Vous n'êtes point chargés de tuer l'homme dans les petits d'hommes, ni de les transformer en fourmis pour la vie de la fourmilière. Car peu m'importe à moi que l'homme soit plus ou moins comblé. Ce qu'il m'importe c'est qu'il soit plus ou moins homme. Je ne demande point d'abord si l'homme, oui ou non, sera heureux, mais quel homme sera heureux. Et peu m'importe l'opulence des sédentaires repus, comme du bétail dans l'étable.

«Vous ne les comblerez point de formules qui sont vides, mais d'images qui charrient des structures.

---

1) *Citadelle* - Ch. XXV.

«Vous ne les emplirez point d'abord de connaissances mortes. Mais vous leur forgerez un style afin qu'il puissent saisir.

«Vous lutterez contre les liens de l'homme avec les biens matériels. Et vous fonderez l'homme dans le petit d'homme en lui enseignant d'abord l'échange car, hors échange, il n'est que racornissement.

«Vous enseignerez la méditation et la prière car l'âme y devient vaste. Et l'exercice de l'amour. Car qui le remplacerait ? Et l'amour de soi-même, c'est le contraire de l'amour.

«Vous châtierez d'abord le mensonge, et la délation qui certes peuvent servir l'homme et en apparence la cité. Mais seule la fidélité crée les forts. Car il n'est point de fidélité dans un camp et non dans l'autre. Qui est fidèle est toujours fidèle. Et celui-là n'est point fidèle qui peut trahir son camarade de labour. Moi j'ai besoin d'une cité forte, et je n'appuierai pas sa force sur le pourrissement des hommes.

Et encore :

«Vous enseignerez le goût de la perfection car toute œuvre est une marche vers Dieu et ne peut s'achever que dans la mort.»

Neuf thèmes porteurs

Le second levier pédagogique est constitué par les innombrables pensées qui, à travers ses thèmes de prédilection confèrent à son œuvre cette marque humaniste, voire spirituelle que nous avons déjà soulignée.

Certaines sont formulées en maximes, d'autres sont des notes philosophiques, d'autres encore apparaissent comme une morale qui conclut un événement.

Il est périlleux de choisir parmi elles. On retiendra, à partir des thèmes abordés ci-après, la manière très évocatrice par laquelle Antoine de Saint-Exupéry invite l'homme en perpétuel devenir à donner à tel sentiment, à telle vertu, la force qui l'aide à mieux se situer (c'est toujours le qui suis-je ?) et peut-être à grandir.

Dans cette perspective, nous avons retenu neuf thèmes : le respect, le progrès, l'amitié, la camaraderie, la culture, le don de soi, le devoir, l'action, le sens de la responsabilité.

Respect de l'Homme, tel est le premier mot clé. Il revient à chaque instant dans toute l'œuvre. Et Saint-Exupéry signifie bien qu'il ne s'agit pas d'un quelconque respect de l'individu. Il place au sommet cette véritable considération mutuelle, en dehors de laquelle n'existe qu'une banale cohabitation. Le mot n'est jamais écrit à la légère : respect des combattants dans le désert, respect dû à la rose, au subordonné ou au vaincu, respect de Barck, respect de la vie, respect de la différence («Si je diffère de toi, loin de te léser, je t'augmente»[1]) autrement profond que la tolérance érigée en idéologie, mais aussi respect de soi-même, de sa vérité intérieure, car il n'est pire imposture que se mentir à soi-même.

1) *Lettre à un otage*, ch.VI.

Evoque-t-il le progrès ? Il écrit : «Il me semble qu'ils confondent but et moyen ceux qui s'effraient par trop de nos progrès techniques. Quiconque lutte dans l'unique espoir de biens matériels, en effet, ne récolte rien qui vaille de vivre.»[1]

Parle-t-il de l'amitié ? «C'est d'abord la trêve et la grande circulation de l'esprit au-dessus des détails vulgaires.»[2] Un ami devient unique au monde[3].

Est-il sensible à la camaraderie des équipages ? Le courrier de Patagonie s'étant perdu dans un cyclone, deux pilotes de l'Aéropostale échangent quelques mots[4]. «Ils en parlèrent peu. Une grande fraternité les dispensait des phrases.»

C'est encore le sens de la fraternité qui le préoccupe quand il écrit : «Et voici qu'à nous diviser sur les méthodes, nous risquons de ne plus reconnaître que nous nous hâtons vers le même but.»[5]

Foch écrivait : «On n'est pas cultivé, on se cultive». Saint-Exupéry lui non plus ne définit pas la culture comme une somme, un achèvement. «Faire don de la culture, disait mon père, c'est faire don de la soif. Le reste viendra de soi-même»[6].

---

1) *Terre des hommes* (L'avion).

2) *Citadelle* - Ch. LVIII

3) On lira également dans le même chapitre un passage très évocateur sur l'ami. Les premiers mots sont à eux seuls un programme : «L'ami d'abord c'est celui qui ne juge point (...).»

4) *Vol de Nuit* - Ch. XXII

5) *Lettre à un otage* - Ch. V

6) *Citadelle* - Ch. CXCIV

C'est dire que l'homme peut atteindre un certain degré d'érudition, mais que sa démarche culturelle ne s'apprécie que par son ouverture permanente à la vie, aux hommes et aux choses.

L'auteur, cependant, reste lucide : «Comment cultiver la soif ?» Sur ce thème, il ira plus loin : il expliquera le triptyque culture-travail-loisirs[1].

Explique-t-il que ce qui enrichit c'est de donner ? «De mon travail, je n'ai jamais rien reçu qui comptât quand il n'était qu'objet d'échange au tarif kilométrique des pilotes de ligne.

Mon travail ne valait rien si, en même temps qu'il me nourrissait matériellement, il ne me faisait point être «de» quelque chose. S'il ne faisait point pilote «d'une» Ligne, jardinier «d'un» jardin, architecte «d'une» cathédrale, soldat «d'une» France (...). La Ligne naissait de nos dons. Une fois née, elle nous faisait naître. Si aujourd'hui je retrouve un camarade, je puis lui dire «Te souviens-tu ?...» C'était une époque merveilleuse puisque noués par les mêmes dons, nous nous aimions les uns les autres[2].»

Définit-il le devoir ? ... Il est «nœud divin qui noue les choses»[3] et il ajoute : «Tu connaîtras ton devoir, disait mon père, à ce que d'abord il n'est point de toi de le choisir[4].»

---

1) *Citadelle* - Ch. LXIX

2) *Message aux jeunes américains*, 1941.

3) Cette expression revient très souvent dans l'œuvre de Saint-Exupéry. Lorsque ce nœud disparaît, l'action perd son sens et tout se résume à une juxtaposition de faits, de gestes ou de paroles.

4) *Citadelle* - Ch. XCVI.

Prône-t-il l'action ? Après Bergson qui écrivait : «C'est dans le moule de l'action que notre intelligence a été coulée», Saint-Exupéry dit : «Le but peut-être ne justifie rien, mais l'action délivre de la mort[1].»

Antoine de Saint-Exupéry avait-il besoin de développer cette idée de l'action, lui qui fut, toute sa vie, un homme d'action ? Certes non. Constatons simplement qu'il a largement démontré qu'elle conduit les hommes à se rapprocher, à travailler «en équipe» - dit-on aujourd'hui - et finalement à créer des liens.

Mais on observera que, dans le même temps, il ne condamne pas les solitaires. Comment, d'ailleurs, aurait-il pu, lui qui fut un méditatif ?

Enfin, il nous plaît de terminer par la notion qui est un des pivots de la pensée saint-exupéryenne : la responsabilité.

«Sa grandeur c'est de se sentir responsable. Responsable de lui, du courrier et des camarades qui espèrent. Il tient dans ses mains leur peine ou leur joie (...). Il fait partie des êtres larges qui acceptent de couvrir de larges horizons de leur feuillage. Etre homme, c'est précisément être responsable. C'est connaître la honte en face d'une misère qui ne semblait pas dépendre de soi. C'est être fier d'une victoire que les camarades ont remportée. C'est sentir, en posant sa pierre, que l'on contribue à bâtir le monde[2].»

---

1) *Vol de nuit.*

2) *Terre des Hommes*, Les camarades (Récit de Guillaumet).

Et ailleurs, il écrit[1]: «Moi, dit mon père, je suis responsable de tous les actes de tous les hommes.»

On est loin ici des responsabilités acceptées avec prudence, exercées avec timidité. Il s'agit là d'une vision plus haute de la mission humaine. Voir, c'est être responsable.

Des récits qui donnent un sens

Quant à la troisième marque éducative de l'œuvre, nous la trouvons dans la narration elle-même. Elle est édifiante.

Que l'on prenne le vol sur Arras (*Pilote de Guerre*), sa douloureuse marche dans le désert de Lybie (*Terre des Hommes*), Rivière contre la peur (*Vol de Nuit*), le départ de Jacques Bernis (*Courrier Sud*), l'hymne au silence (*Citadelle*) ou Guillaumet dans les Andes (*Terre des Hommes*), Saint-Exupéry confère au récit une remarquable sobriété. Il va jusqu'à dépouiller ses héros de leur gangue d'héroïsme. Il a la pudeur des hommes d'action quand ils racontent leur aventure, comme aujourd'hui Jean-François Deniau ou Hélie Denoix de Saint-Marc.

A cela s'ajoute la qualité littéraire. Du récit et de la forme linguistique peut naître aussi le rêve, celui qui s'assimile à un souhait ou celui qui nourrit ou celui qui peut déterminer un objectif, voire une vocation, celui qui, sans jeu de mot, donne des ailes aux enfants ou aux adolescents.

---

1) *Citadelle* - Ch. CLXVI.

A cet égard, nous trouvons plusieurs registres dans l'œuvre de Saint-Exupéry. Pour l'enfant, l'amitié, le merveilleux et le développement de l'imaginaire avec *Le Petit Prince* ; pour les adolescents, les thèmes de l'aviateur, de l'aventure, du héros, avec *Vol de Nuit* ou *Terre des Hommes* ; pour les adultes, la réflexion sur la vie et la civilisation, à travers les ouvrages cités ci-dessus, mais aussi avec *Pilote de Guerre*, *La Lettre au Général X* ou encore *Lettre à un Otage*, et la construction de la cité,avec *Citadelle*.

Et c'est ainsi que chaque récit, faisant émerger des éléments qui donnent un sens (la fraternité, le dépassement, le courage ou autres) et suscitent des rêves porteurs, est en lui-même un vecteur éducatif. Sans emphase, sans lyrisme exagéré, sans que soit délivré un message moralisateur.

En résumé, trois grands axes nous semblent sous-tendre toute cette démarche éducative que nous avons tenté d'extraire de l'œuvre de Saint-Exupéry : l'enfance, la construction de l'homme, la civilisation.

L'enfance, nous n'y reviendrons pas. Présente à Saint-Maurice-de-Rémens, présente dans le désert, pendant ses raids, dans ses lettres, dans son adresse à Léon Werth, dans le récit de l'enfant d'Ibrahim[1], au chevet du frère bien-aimé. Partout.

L'enfance le hante mais elle l'illumine. Elle l'habite, mais elle ne le paralyse pas. Il la protège, mais il ne s'attarde pas en regrets inutiles.

---

1) *Citadelle* - Ch. VI et CLVIII.

L'homme peu à peu prend toute sa place, il lui fixe un projet à sa mesure : «C'est pourquoi je dis qu'importe d'abord, dans la construction de l'homme, non de l'instruire, ce qui est vain s'il n'est plus qu'un livre qui marche, mais de l'élever et de le conduire aux étages où ne sont plus les choses, mais les visages nés du nœud divin qui noue les choses. Car il n'est rien à espérer des choses si elles ne retentissent les unes sur les autres, ce qui est seule musique pour le cœur»[1].

La civilisation enfin. La cité se forge en elle : «Il me semble désormais entrevoir mieux ce qu'est une civilisation. Une civilisation est un héritage de croyances, de coutumes et de connaissances, lentement acquises au cours des siècles, difficiles parfois à justifier par la logique, mais qui se justifient d'elles-mêmes, comme des chemins, s'ils conduisent quelque part, puisqu'elles ouvrent à l'homme son étendue intérieure».[2]

Et Antoine de Saint-Exupéry précise sa pensée sur les vertus de la civilisation «héritant de Dieu»[3] :

- elle a fait les hommes égaux en l'Homme ;
- elle les a faits frères en l'Homme ;
- elle a prêché le respect de soi, c'est-à-dire le respect de l'Homme à travers soi-même.

De quoi forger un socle humaniste pour la cité.

---

1) *Citadelle* - Ch. XCIV.

2) *Pilote de Guerre.*

3) *Idem.*

-IX-
Le rayonnement

Un homme se juge aux fidélités qu'il suscite», a écrit Camus. Si l'on mesure celles qui entourent l'auteur de *Pilote de Guerre*, le bilan est nettement favorable : articles, commentaires, biographies multiples, citations, évocations, collèges, artères qui portent son nom. Léon Werth dit de Saint-Exupéry «qu'il fut peut-être le seul écrivain de notre temps que la gloire toucha. Les autres ne connurent que la notoriété ou la célébrité.» Des dizaines de millions d'ouvrages vendus, ça ne repose pas que sur du sable.

Et pourtant ! Il fut une époque où, dans certains milieux réputés éclairés, il était de bon ton de le brocarder. Les héros sont d'un autre temps, leurs aventures ne doivent remplir que les B.D., l'humanisme ne fait pas le poids devant le structuralisme, Jean-Paul Sartre oui, ce qui ressemblerait à Jean Guitton, non. Le Néant contre le Mystère. En fait, on a pu constater une légère disgrâce (Lucien Guissard, dans *La Croix*, 13 février 1994), mais pas le purgatoire.

A propos de Sartre, celui qui fut son secrétaire, Jean Cau, figurait parmi les plus violents détracteurs. Dans le numéro de *L'Express* du 5 juillet 1962, il corrigeait cinquante copies du bac, parmi celles qui traitaient le troisième sujet de cette année-là : «Saint-Exupéry écrit dans *Terre des Hommes* : «Etre homme c'est précisément être responsable. C'est connaître la honte en face d'une misère qui ne semblait pas dépendre de soi. C'est être fier d'une victoire que les camarades ont remportée. C'est sentir, en posant sa pierre que l'on contribue à bâtir le monde.»

Et Jean Cau d'éreinter Saint-Exupéry dont l'œuvre, il est vrai, n'avait rien à craindre de ce polémiste, lequel d'ailleurs récidivait dans *Icare* (n° 30bis) pour expliquer sérieusement, en une page, qu'il n'avait rien à dire sur cet auteur... Que racontait-il dans *L'Express* ? Que l'humanisme de l'écrivain-pilote «ronflant au même rythme que celui de ses moteurs sonne plus creux qu'une armée vide de héros du Moyen Age.» Que «les quatre phrases (à étudier) sont quatre outres vides remplies de vent humaniste. Quatre grelots», etc.

Heureusement, ceux qui l'ont réellement connu, les Pélissier, Gavoille, Alias, Macaigne, Sallès, Dutertre, Daurat –pour n'en évoquer que quelques-uns– sans se transformer en thuriféraires, ont salué l'homme vrai, avec ses élans, avec son courage presque banalisé, avec ses contradictions et son anxiété.

Son nom a été donné récemment à l'aéroport de Lyon-Satolas. De nombreux organismes l'ont aussi choisi. Citons-en quelques-uns.

- En 1947, des jeunes se groupaient pour entreprendre une action socio-éducative dans la région lyonnaise : colonies et camps de vacances, théâtre d'amateurs, maison d'enfants à caractère social et autres activités de formation. Ce mouvement s'est également donné pour but l'étude de la vie et de l'œuvre de Saint-Exupéry. On lui doit, à cet égard, la plupart des manifestations commémoratives organisées depuis 1955. À Lyon et dans la région, mais aussi à Troyes, à Marseille et à Paris (Centre Saint-Exupéry : 38, rue Jules-Kumer, 69100 Villeurbanne).

- A la même époque, une importante maison des jeunes et de la culture de Reims adoptait la même référence.

- En 1954, était créé le prix littéraire Antoine de Saint-Exupéry, sous le patronage de la revue *La Vie Lyonnaise*. Le jury était composé des docteurs Brunerie et Cadéac, de MM. André Pastré, Pierre Kléber, Paul Garbit et Henri Mortamet. La première lauréate fut Doddy Dingemans (*Le Paradis n'est pas sur terre*, Fasquelle éditeur), puis vinrent Laurence Duparc, Pierre-Maurice Richard, Germaine Ledan, le R.P. Alain Forissier, Marie-Louise Guérin, Claude Mimeur, Louise Marie Masson, Suzy Cadet, Ferdinandy. Ce prix, qui couronnait un recueil de contes ou de nouvelles, a cessé d'être attribué en 1965.

- En revanche, depuis 1987, existe le «Prix Saint-Exupéry - Valeurs Jeunesse» qui récompense un ouvrage destiné à la jeunesse dont les thèmes exaltent les qualités chères à Antoine de Saint-Exupéry (15, rue du Louvre, 75001 Paris).

- On ne saurait passer sous silence l' «Association des Amis de Saint-Exupéry» qui regroupe non seulement des «amis» mais encore des compagnons de l'aviateur (Aéropostale et guerre 39-45).

- L'association «Petits Princes», elle, s'attache à réaliser des vœux d'enfants gravement malades (69, rue Fondary, 75015 Paris).

- L'association du «Rallye Toulouse-Saint-Louis du Sénégal» et l'«Association Cap Juby» font revivre, chaque année par avion la grande aventure de *Courrier Sud*.

- L'association Air Aventure qui organise des rallyes aériens.

- Mentionnons encore –mais cette liste n'est pas exhaustive– «Terre des Hommes - Alsace» et la «Fondation Saint-Exupéry» d'Oletta (Corse) au service des enfants handicapés.

- Mais le rayonnement de Saint-Exupéry atteint plus qu'on ne l'imagine les terres étrangères : l'Espagne, le Canada, les Etats-Unis, où un ancien professeur de français, Howard Scherry, entretient, avec passion, un véritable culte pour Saint-Exupéry, l'Argentine dont les journaux ont relaté très largement les recherches en Méditerranée de 1993, l'Italie, la Russie également (des pilotes soviétiques ont entretenu en 1979 une correspondance suivie avec les associations françaises proches de l'écrivain). Voici trente-cinq ans[1], le *Figaro Littéraire* titrait : «En U.R.S.S., Mauriac et Saint-Exupéry ont éclipsé le Nobel de Cholokhov.»

- Mentionnons encore l'inscription gravée dans le granit, au lycée français de Santiago du Chili «A Antoine de Saint-Exupéry qui trouva dans son métier de pilote de ligne, l'inspiration d'une œuvre de valeur universelle.»

- Et puis, récemment, le Japon a inauguré à Hakone, au sud de Tokyo, le «musée de Saint-Exupéry et du Petit Prince».

- Quant aux traductions de ses ouvrages, elles sont innombrables (plus de soixante-dix pour *Le Petit Prince*). Cette œuvre fait aussi l'objet de films, d'enregistrements nombreux et de représentations théâtrales. Citons par exemple une troupe bulgare donnant ce texte lors du Festival mondial du Théâtre amateur à Monaco, fin août 1993.

- Enfin, on a pu lire, dans le *Quotidien de Paris* du 9 novembre 1990, le résultat d'un sondage effectué par *l'Evénement du Jeudi* et *France-Culture* : «Quels sont les dix livres pour l'an 2000 ?» A côté de *L'Etranger*, de *Voyage au bout de la nuit*, de *l'Ecume des jours*, on trouve, en huitième position, *Le Petit Prince.*

«*CITADELLE*»

Si *Le Petit Prince* est la référence mondiale (troisième vente après la *Bible* et *Le Capital*, dit-on), *Citadelle* est la somme[1]. «C'est l'œuvre de toute ma vie» dira Saint-Exupéry à René Gavoille en lui confiant le manuscrit. *Citadelle* contribue de façon majeure au rayonnement de son auteur.

---

1) Jeudi 11 novembre 1965.

«Le Petit Prince»
joué par une troupe bulgare.
Festival de Monaco,
août 1993.
(Couverture du programme,
coll. Michel Richelmy).

Certes, au premier abord, on est à cent lieues des péripéties de l'Aéropostale, de la guerre d'Espagne ou des missions de reconnaissance. Nous voici plongés dans un univers désertique qui peut paraître irréel. Mais le chef berbère et le «père» sont là qui, au contraire, fixent les règles sociales : la justice, la hiérarchie, l'ordre qui «est le signe de l'existence et non sa cause»[2], mais surtout ce qui construit l'Homme et ce qui unit aux autres : l'échange, la fraternité, l'amitié («je la reconnais à ce qu'elle ne peut être déçue»)[3], la création, la célébration de la vie : «Vous, les découragés, les malheureux et les vaincus, je vous le dis, vous êtes l'armée d'une victoire !»[4] Ce dernier thème, d'ailleurs, se retrouve, comme tant d'autres, dans *Pilote de Guerre*.

Consuelo nous confia un jour que son mari se réjouissait d'avoir eu le temps d'engranger une telle matière. Et, considérant la tâche immense qui lui restait à accomplir pour revoir, classer, corriger son manuscrit, il avait dit : «J'ai du travail jusqu'à la fin de mes jours.»

---

1) Ouvrage posthume (1948).

2) Chapitre LXV.

3) Chapitre LV.

4) Chapitre LVI.

Appareil à bord duquel disparut Saint-Exupéry.
(Dessin Jean Denis, escadrille aéromodélisme «Le Petit Prince», Anthon, Ain).

Lightning Lockeed P38 - monoplace
2 moteurs Allisson 12 cylindres en V/1710 cv.
1 canon AV-M2 de 20 mm + 4 mitrailleuses de 12,7 mm
Browning, dans le «Nez».
1450 kg de bombes (maximum) ou 10 roquettes de 12,7 cm.
Vitesse maximale : 660 km/h à 7600 m.
Vitesse ascensionnelle : 1158 m/minute.
Plafond pratique : 13400 m.
Dans la version «Reconnaissance» (F5G)
des caméras remplacent l'armement.

-X-
Sur les traces de Saint-Exupéry

Suivons d'abord une première piste, celle des origines de la famille à Saint-Exupéry-les-Roches. Deux bourgades portent le nom de Saint-Exupéry. L'une est en Gironde, l'autre en Corrèze (arrondissement de Tulle). D'après toutes les recherches, il semble bien que la seconde soit le berceau de la famille. C'était l'avis de Jean Werth, de Marcel G. Rivière, grand reporter au *Progrès de Lyon*, qui s'intéressa au sujet, Jean Boullé, Pierre Chevrier, Helen Elisabeth Crane (thèse sur l'humanisme dans l'œuvre de Saint-Exupéry) et, plus récemment Maja Destrem[1] partagent cette conviction, avec plusieurs membres de la famille.

Mme Denis Dalègre, dont le mari fut maire de cette commune, a effectué d'intéressantes recherches. «En l'an 1000, écrit-elle, nous trouvons un Robert de Saint-Exupéry, en son mas de Confolent, en la paroisse de Saint-Exupéry, pour la justice d'Archambault.» Ces ancêtres, d'ancienne noblesse, ont-ils donné le nom à cette bourgade, qui compte aujourd'hui 538 habitants ?

1) (collection «Les Géants» - *Paris Match*).

Empruntèrent-ils le nom à saint Exupère, patron de la paroisse ?

En 1918, Saint-Exupéry devint «Saint-Exupéry-les-Roches» à la demande du préfet qui voulait éviter les inconvénients de l'homonymie avec le village de Gironde.

A la recherche du Lightning

En 1992, les Champagnes Louis-Roederer décidaient de prendre en charge une étonnante aventure : retrouver le Lightning P 38 à bord duquel Antoine de Saint-Exupéry disparut le 31 juillet 1944.

Ecoutons Jean-Claude Rouzeaud, président de l'association «Louis Roederer - Sur les traces de Saint-Exupéry» :

«Dieu sait qu'on m'avait proposé cent fois de sponsoriser ceci ou cela, de financer telle ou telle aventure plus ou moins farfelue ou frelatée. J'avais toujours refusé. Mais là, c'était autre chose : je tenais enfin l'occasion de communiquer sans faire de nombrilisme, sans parler de mes produits, en accomplissant quelque chose de plus noble, de plus exaltant...»

De nombreux témoignages français et allemands tendaient en effet à localiser la zone où l'auteur de *Citadelle* avait pu être englouti par la mer : la Baie des Anges, au large de Nice. On sait que c'est l'Institut français de recherche pour l'exploitation de la mer (Ifremer) qui a été chargé d'effectuer les recherches. Elles sont restées vaines.

En 1993, à la suite d'une confidence de Madame Boudet, habitante de Carqueiranne, de nouvelles recherches ont été effectuées, mais cette fois dans le golfe de Giens, à l'initiative d'André Jacquemont, mécanicien-photo de Saint-Exupéry, en 43-44. D'autre part, des vestiges d'un Lightning qui pourraient appartenir à l'avion de Saint-Exupéry ont été retirés de la baie de La Ciotat[1]. Mais voici que le mystère a pris une autre dimension : au mois de mars 1994, on s'interroge à Carqueiranne au sujet d'un militaire rejeté par la mer en 1944 et inhumé sans avoir été identifié.

Autre signe : le 7 septembre 1998, Jean-Claude Bianco, patron du chalutier «l'Horizon» et son second ont repêché, à quelques kilomètres de La Ciotat, une gourmette qui aurait appartenu au pilote du Lightning...

Enfin, au moment où le présent ouvrage est mis sous presse, on annonce qu'un plongeur professionnel, Luc Vanrell, a trouvé, en rade de Marseille, les débris d'un P.38. De sérieux indices tendent à prouver qu'il s'agit de l'appareil de Saint-Exupéry, ce que confirme Philippe Castellano, historien de l'aviation.

Mais est-il si important que soit retrouvée l'épave de son avion ? Antoine de Saint-Exupéry a rejoint la planète du Petit Prince. C'est l'essentiel. Plénitude d'un achèvement ? Quête inachevée ? Et si le mystère, en l'occurrence, n'était pas la seule réalité acceptable ?

1) Dossier, *Le Figaro Magazine*, 7 novembre 1998.

Qu'ils eussent aimé le voir revenir !
Il avait encore tant de choses à dire.
St Maurice de Remens le 19 septembre 1999

Postface

Au terme de la lecture de ce bref volume, comment ne pas être d'abord sensible à sa qualité, à la manière dont il allie la sobriété avec la densité et la concision avec l'intensité ? Car c'est bien une performance que de parvenir à expliciter avec autant de précision en moins de 150 pages les étapes d'une vie, la genèse d'une œuvre, les ressorts d'une personnalité. De façon claire et rigoureuse, Michel Richelmy a su analyser et reconstituer le parcours à la fois discret et prestigieux, simple et complexe, homogène et divers, d'un être à la fois exceptionnel et proche, qui doit sans doute son rayonnement à ces deux caractéristiques distinctes et indissociables. L'aventure de l'aviateur et la destinée de l'auteur, dans leurs épisodes entremêlés, sont en effet celles d'un homme en qui tous les hommes peuvent retrouver des traits qui, *mutatis mutandis*, sont authentiquement les leurs. Les sentiments et l'expérience d'Antoine de Saint-Exupéry, ses joies et ses souffrances, ses réussites et ses angoisses, ce sont, toutes proportions gardées, ceux que chacun peut ressentir et éprouver. «Il y a, dans l'histoire de l'humanité, une page que toi seul peux écrire». Son existence illustre adéquatement ce propos qui, en définitive, définit fort bien la personne en tant que telle, à la fois unique, irréductible à tout autre, mais non enfermée dans une singularité autistique et, au contraire, susceptible potentiellement d'écrire pour tous et réciproquement de résonner à un texte écrit pour tous, donc, aussi, pour elle.

A cet égard, nous nous trouvons non seulement devant une biographie narrative mais bien plus, devant une incitation à une réflexion sur la condition humaine dans ce qu'elle a d'universel et d'inéluctablement pathétique. Ce que Michel Richelmy a en effet bien mis en évidence, c'est la manière dont, en cette personnalité, tendue entre action et méditation, entre goût du risque et besoin de retraite, s'articulent de façon simultanément aléatoire et unifiée la fonction du pilote et le rôle de l'écrivain. Toute l'œuvre est centrée sur et nourrie par l'expérience du vol, mais celle-ci ne trouve son aboutissement que grâce à celle-là : elle éprouve l'irrésistible besoin de se dire et elle prolonge le risque de l'accident technique, par l'exposition au regard du lecteur critique.

Ces pages insistent à bon droit sur le succès durable des ouvrages de Saint-Exupéry, qu'attestent leurs rééditions successives, et sur les nombreux signes de son prestige. Cette audience persistante, voire croissante, cet écho qu'il trouve chez beaucoup, notamment parmi les adolescents, pourraient surprendre. Dans la société française d'aujourd'hui, délitée et affaissée, où les valeurs se dérobent au regard, à une époque où il n'y a plus de héros, marginalisés qu'ils sont par des vedettes médiatiques ou des champions médiatisés, où l'éthique de fidélité, de sacrifice, de dévouement et de responsabilité à laquelle cette œuvre est associée n'est guère celle que semblent apprécier nos contemporains, on pourrait s'en étonner. En réalité, la résonance des ouvrages de cet aviateur disparu voilà désormais plus de cinquante ans tient à leur dimension anthropologique. Elle est due à ce qu'il traite de l'essentiel, c'est-à-dire du sens : la recherche de la signification de l'existence, des raisons de vivre, et pas seulement des moyens de vivre. «Rendre aux hommes une signification spirituelle, des inquiétudes spirituelles» (p.91), ou encore ouvrir «à l'homme son étendue intérieure», ou encore «quiconque lutte dans l'unique espoir de biens matériels ne récolte rien qui vaille de vivre» (p.118). D'une manière qui évoque parfois saint Augustin, Antoine de Saint-Exupéry éprouve ce besoin de l'essentiel, constitutif de l'homme. C'est par là qu'il parle à tous.

Et c'est par là aussi qu'il est éducateur, éducateur posthume, qui n'a jamais construit un discours pédagogique formalisé mais qui suscite un désir d'identification car il éveille, ou réveille, une aspiration enfouie. L'éducateur est celui qui provoque chez l'éduqué le désir, et, au-delà, le courage d'adopter librement et volontairement les valeurs dont lui-même vit. La force singulière de Saint-Exupéry c'est d'avoir été et de demeurer capable d'induire chez ses lecteurs, au-delà de la fascination qui s'attache au pilote, l'adhésion aux valeurs dont le pilote, tel qu'il le conçoit et le présente, tel qu'il en a vécu la fonction et les affres, est le serviteur et le témoin. Certes, cette adhésion est fragile et timide ; du moins quand elle est reniée ou abandonnée, laisse-t-elle quelque nostalgie, voire quelque remords.

En cette année qui marque le centenaire de sa naissance, il est bon que son propos soit réitéré et reformulé, que sa parole soit énoncée et entendue. Et c'est pourquoi l'on sera reconnaissant à Michel Richelmy, de qui l'on sait la connaissance approfondie qu'il en a et l'admiration dynamique qu'il lui porte, d'avoir, en allant droit à l'essentiel, si bien su dire qui il était et ce qu'il demeure.

Guy Avanzini

Bibliographie

L'œuvre de Saint-Exupéry

Courrier Sud, préfacé par A. Beucler, 1928, Gallimard, 227 pages.

Vol de Nuit, préfacé par A. Gide, Paris, 1931, Gallimard (Prix Fémina), 170 pages.

Reportages de Russie, in *Paris-Soir*, 3, 14, 16, 19, 20, 22, mai 1935.

Reportages d'Espagne, in l'*Intransigeant*, 12, 13, 14, 16, 19 août 1936, 27, 28 juin, 3 juillet, 3 août 1937.

Reportages La paix ou la guerre, in *Paris-Soir*, 2, 3, 4 octobre 1938.

Terre des hommes, Paris, Gallimard, 1939 (Grand Prix du roman de l'Académie française), traduction *Wind, Sand and Stars* («Livre du mois» aux U.S.A), 218 pages.

Pilote de Guerre, New York, Reynal and Hitchcock, 1942, Paris, Gallimard, 1942 (Prix de l'Aéro-Club de France, 1945), 246 pages. Edition interdite en 1943 par le gouvernement français.

Lettre aux jeunes Américains, 1942, in *Icare* 30bis, 1964.

Le Petit Prince, illustré par l'auteur, New York, Reynal and Hitchcock, 1943. Paris, Gallimard, 1945, 95 pages.

Lettre à un otage, New York, Brentano's, 1943, Paris, Gallimard, 1944, 71 pages.

Carnets, introduction de M. Quesnel et P. Chevrier, Paris, Gallimard, 1953, 222 pages.

Lettres de jeunesse (1923-1931), préfacé par Renée de Saussine, Paris, Gallimard, 1953, 151 pages.

Lettres à l'amie inventée, illustré par l'auteur, présenté par R. de Saussine, Paris, Plon, 1953.

Lettres à sa mère, prologue de Mme de Saint-Exupéry, Paris, Gallimard, 1955, 221 pages.

Un sens à la vie, regroupant *l'Aviateur*, des articles et reportages et *La lettre au Général X*, présenté par C. Reynal, Paris, Gallimard, 1956, 259 pages.

O*euvres* avec préface de Roger Caillois, Paris, Gallimard, 1959 (La Pléiade), suivi d'un index des mots-clefs de *Citadelle*, par Simone de Saint-Exupéry, 1008 pages. Nouvelle édition oeuvres complètes, Tome 1, 1210 p. 1994.

Editions rares

Editions du Club de l'Honnête Homme - Coffret des œuvres complètes - Sept livres reliés - Illustrations de Muhl et Sarthou.

Guilde des bibliophiles de la Librairie Lombardi. Illustrations de Savary-André Hombourg-Gaston Barret - Eugène Clairin - Aimé D. Steinlen - Sept livres reliés en coffrets floqués.

Imprimerie nationale - Cinq livres en coffrets (œuvres principales) - Texte composé à la main - Lithographies originales de Georges Feher - 1963.

Le Petit Prince - Relié pleine peau - Dessins tirés en lithographies - Réalisation Pierre de Tartas - Paris, Bièvres, 1973.

Etudes et témoignages

R.M. Alberes, *Saint-Exupéry*, Albin-Michel, 1961.

J. Ancy, *Saint-Exupéry, l'homme et l'œuvre*, Paris, Didier, 1961.

D. Anet, *Antoine de Saint-Exupéry*, Paris, Corréa, 1946.

M. Arland, *De l'homme à l'œuvre*, Nouvelle N.R.F., mars-juin 1954.

B. d'Astorg, «Citadelle», in *Esprit*, septembre 1948.

R. Audibert, présentation de *Pages Choisies*, Hachette, 1965.

M.A. Barberis, *Le Petit Prince de Saint-Exupéry*, Larousse, 1976.

L. Barjon, *Gide et Saint-Exupéry, dialogue de deux ferveurs*, Paris, Etudes, 1952.

P. Blanchard, «Métaphysique et mystique saint-exupériennes», in *L'année théologique*, pp. 1-32, 1949.

Préludes saint-exupériens, in *Sainteté d'aujourd'hui*, Paris, Desclée de Brouwer, 1954.

P. de Boisdeffre, in *Les écrivains français d'aujourd'hui*, P.U.F., 1969.

A. Buisson, *Antoine de Saint-Exupéry et l'enfance*, thèse 1964 (documentation Centre Saint-Exupéry).

C. Borgal, *Saint-Exupéry, mystique sans la foi*, Paris. Le Centurion, 1964.

A. Bottequin, *Antoine de Saint-Exupéry*, Bruxelles, A. de Boeck, 1949.

D. Bouchard, «Les sources rimbaldiennes du Petit Prince», in *Les Annales*, avril 1968.

P. Bourtembourg, *Saint-Exupéry*, Verviers, Marabout-Gérard et Cie, 1959.

A. Bréaud, *Saint-Exupéry in America*, 1942-1943., Ass. Univ. Press, 1971.

S. Bresard, *Empreintes*, Neuchâtel, Delachaux et Niestlé, 1968.

Buixuan Bao, *Naissance d'un héroïsme nouveau dans les lettres françaises de l'entre-deux-guerres : aviation et littérature*, thèse Paris, 1961.

R. Caillois, «Literary excesses : a possible introduction to Saint-Exupéry», in *The Commonwealth*, 10 octobre 1945.

L. Castex, *De Clément Ader à Gagarine*, Hachette, 1967.

C. Cate, *Saint-Exupéry*, Grasset, 1973 et 1994.

E. Chadeau, *Saint-Exupéry*, Plon, 1994.

P. Chevrier, *Antoine de Saint-Exupéry*, Gallimard, 1949.

P. Chevrier et M. Quesnel, *Saint-Exupéry*, Paris Gallimard, 1957 et 1971.

H.E. Crane, *L'humanisme dans l'œuvre de Saint-Exupéry*, Evanston, Principia Press of Illinois, 1957.

M. de Crisenoy, *Saint-Exupéry poète et aviateur*, Paris, Spes, 1958.

R. Danel, *Les lignes Latécoère*, 1918-1927, Toulouse, Privat, 1988.

D. Daurat, *Saint-Exupéry, tel que je l'ai connu*, Liège, P. Albert, 1954.

Dans le vent des hélices, Paris, Presses de la Cité, 1962.

R. Delange, *La vie de Saint-Exupéry*, Le Seuil, 1948.

E. Deschodt, *Saint-Exupéry*, J.C. Lattès, 1980.

M. Destrem, *Saint-Exupéry*, *Paris-Match*, 1974. «Les Géants».

A.A. Devaux, «Les grandes leçons du Petit Prince de Saint-Exupéry», In *Synthèses*, Bruxelles, 1954.

«Le sens de la vie selon Saint-Exupéry», in *Synthèses*, Bruxelles, 1956.

Solitude et communion chez Saint-Exupéry, La Table Ronde, septembre 1950.

Saint-Exupéry, Desclée de Brouwer, 1965, «Les Ecrivains devant Dieu».

H. Eitzenberger, *Antoine de Saint-Exupéry*, Werk und Persönlichkeit, Munich, M. Huber V., 1958.

L. Estang, *Saint-Exupéry par lui-même*, Le Seuil, 1967.

L.P. Fargue, *Souvenir de Saint-Exupéry*, P. Aelberts, 1945.

A.E. Fife, «Saint-Exupéry and fascism», in *The French Review*, décembre 1959.

J.G. Fleury, *La Ligne*, Gallimard, 1939.

C. François, *L'esthétique d'Antoine de Saint-Exupéry*, Delachaux et Niestlé.

M. Gall, «El ultimo vuelo nocturno de Saint-Exupéry», in *la Gaceta illustrada* n°406, 18 juillet 1964.

Gallimard, *La vie de Saint-Exupéry, album photographique*, 1954 et 1994.

J. Galtier-Boissière, *Mémoires d'un Parisien*, II, III, La Table Ronde, 1961.

A. Gascht, *L'humanisme cosmique de Saint-Exupéry*, Bruges, A.G. Stinforth, 1947.

Génies et réalités, Hachette *Saint-Exupéry*, 1963.

A. Gide, *Journal 1889-1939*, Gallimard, 1947.

J. Goffaerts, *Itinéraire spirituel de Saint-Exupéry*, Bruxelles, La Culture au Foyer, 1961.

L. Guissard, *Saint-Exupéry, la civilisation contre Mozart*, Paris, Fayard 1963.

J. Huguet, *Saint-Exupéry ou l'enseignement du désert,* Paris, La Colombe, 1956.

J.C. Ibert, *Saint-Exupéry*, Paris, Ed. Universitaires, 1953.

Icare, Revue des pilotes de lignes, Numéros spéciaux 1964, 1974, 1975, 1976, 1977, 1978, 1981, 1984.

H. Jeanson, in *Soixante-dix ans d'adolescence*, Stock, 1973.

F.S. Jensen, *Antoine de Saint-Exupéry, une bibliographie*, Copenhague, A. Frost-Hansen, 1954.

Kessel, *La vie de Saint-Exupéry*, Paris, Gallimard, 1954.

R. Lalou, *Histoire de la Littérature française contemporaine*, tome II, P.U.F.

Y. Le Hir, *Fantaisie et mystique dans le Petit Prince de Saint-Exupéry*, Paris, Nizet, 1954.

F.C. Lemaire, «La quête du spirituel dans l'œuvre de Saint-Exupéry», in *Synthèse* 5, 1948.

S. Losic, *L'idéal humain de Saint-Exupéry*, thèse Paris 1962, Nizet, 1962.

R. Luro Cambaceres, *Rumbo 180° - Huellas en el cielo austral*, Buenos Aires, 1956.

M. Manoll, *Saint-Exupéry, prince des pilotes*, Paris, G.P. 1963.

G. Marcel, *Vol de Nuit*, in *Europe nouvelle*, 28 nov, 1931.

B. de Massimi, *Vent debout*, Plon, 1948.

S. Massu, *Quand j'étais Rochambelle*, Grasset 1969.

C. Mauriac, «Passion de Saint-Exupéry», La Table Ronde, mai 1951.

A. Maurois, *De Proust à Camus*, Librairie Académique Perrin.

M. Migeo, *Saint-Exupéry*, Paris, Flammarion, 1958.

C. Moeller, *En lisant les carnets de Saint-Exupéry*, in La Revue Nouvelle, 15 juin 1944.

A. Monnier, «Saint-Exupéry et le Petit Prince», in *Fontaine*, 1945.

P. Neyrac, *L'Angoisse de Saint-Exupéry*, Cahors, A. Coueslant, 1958.

J. Nockerman, «Saint-Exupéry et le sens de Dieu», in *La Revue nouvelle*, 15 octobre 1948.

P. Page, *Saint-Exupéry et le monde de l'enfance*, Montréal, Fides, 1963.

G. Pélissier, *Les cinq visages de Saint-Exupéry*, Paris, Flammarion, 1951.

K. Pendar, *Adventure in diplomacy*, Cassel, 1966.

M. Persane-Nastorg, *Marie de Saint-Exupéry ou l'étoile du Petit Prince*, Paris, Robert Laffont, 1993.

E. Petit, *Les mots-clefs de Saint-Exupéry*, Liège, Dynamo, 1966.

J. Phillips, *Odd World*, Simon and Schuster, New York, 1959. *Au revoir Saint-Ex.*, Gallimard, 1994.

R. Pons,«Saint-Exupéry, architecte de l'homme», in *La Vie intellectuelle*, mars 1954.

Hugo Pratt, *Le dernier vol*, B.D., Castermann, 1995.

R. Quellet, *Les relations humaines dans l'œuvre de Saint-Exupéry*, Paris, Minard, 1971.

M. Quesnel, *Saint-Exupéry ou la vérité de la poésie*, Paris, Plon, 1965.

K. Rauch, *Antoine de Saint-Exupéry, Mensch und Werk*, Esslingen, Bechtle, 1951.

M. Richelmy, *Antoine de Saint-Exupéry philosophe de l'action*, Lyon, Lugd, 1994.

D. de Rougemont, *Journal d'une époque 1926-46*, Gallimard, 1968.

J. Roy, *Passion et mort de Saint-Exupéry*, Paris, Julliard, 1964.

Passion de Saint-Exupéry, Gallimard. 1951.

Saint-Exupéry, La Manufacture, Paris 1990.

R. Rumbold et M. Stewart, *Saint-Exupéry tel quel*, Paris, Del Duca, 1960.

P.H. Simon, «Le testament de Saint-Exupéry», in *La vie intellectuelle*, décembre 1948.

«Saint-Exupéry ou la victoire de l'architecte», in *l'Homme en procès*, Neuchâtel, La Baconnière, 1949.

L'homme en procès, Payot, 1965.

J. Smetana, *La philosophie de l'action chez Hemingway et Saint-Exupéry*, Paris, La Marjolaine, 1965.

J. Sonnet, «L'humanisme d'Antoine de Saint-Exupéry : évolution et qualité», in *Les Etudes classiques*, octobre 1951.

P. Sonneville, *Les combattants de la Liberté*, La Table Ronde, 1968.

J. M. Talla, «L'image de l'homme dans l'œuvre de Saint-Exupéry», in *Cameroon Tribune*, 1977.

A. Taffel, «The imagery of confinement and weight in the works of Saint-Exupéry», in *Modern Language Quartely*, mars 1959.

R. Tavernier, *Saint-Exupéry en procès*, œuvre collective, Paris, Pierre Belfond, 1967.

N. de Vallières, *Saint-Exupéry, l'archange et l'écrivain*, Découvertes/Gallimard, 1998.

C.L. Van den Berghe, *La pensée de Saint-Exupéry*, American University Studies, Peter Lang, 1985 (Edition française).

R. Vanier, *Tout pour la Ligne*, France-Empire, 1960.

A. Vircondelet, *Antoine de Saint-Exupéry*, Julliard, 1994.

Ô Consuelo, Ed. du Chêne, 2000.

C. Voiturier, Dieu dans «Citadelle», in *La Nouvelle Revue pédagogique*, 4e trimestre 1961.

P. Webster, *Saint-Exupéry, Vie et mort du Petit Prince*, Ed. du Félin, 1993.

L. Werth, *La vie de Saint-Exupéry*, suivi de *Tel que je l'ai connu*, Le Seuil, 1948.

R. Zeller, *La grande quête d'Antoine de Saint-Exupéry dans Le Petit Prince et Citadelle*, Paris, Alsatias, 1961.

La vie secrète de Saint-Exupéry ou la parabole du Petit Prince, Paris, Alsatia, 1950.

L'Homme et le Navire, Paris, Alsatia.

Les Cahiers Saint-Exupéry, Association des Amis d'Antoine de Saint-Exupéry, Gallimard, 1980-1981-1989.

La Ligne, bulletin du Centre Saint-Exupéry.

Filmographie

Réalisations Michel Duvernay

«A la recherche d'Antoine de Saint-Exupéry». Production FR3 Lyon, 1976. Six films de 26 mn. chacun.

«Une fleur pour un poète». Production Michel Duvernay. Babylones Films. Tourné en 1978 à Saint-Maurice-de-Rémens. 11 mn.

«Saint-Exupéry, voyageur de l'espace». Production FR3 Lyon. Paris, 1984, 26 mn.

«Saint-Exupéry, qui êtes-vous ?» Production M.D., 1992. Témoignages. 10 mn.

«Saint-Exupéry en quête de la clé du monde». Production Krystal. FR3-C.N.C. Conseils Généraux de l'Ain et du Rhône. Centre Saint-Exupéry, 1994. 26 mn.

Autres films

«Courrier Sud» de P. Billon, avec P.R. Wilm et J. Holt, 1937.

«Vol de nuit» (Night Flight). Adaptation de Clarence Brown, 1939.

«Antoine de Saint-Exupéry», de J.J. Languepin. 1959. 19 mm

«Plein Ciel». Cinémathèque E.C.A., d'après le livre «Les dieux meurent le matin», 1962.

«Saint-Exupéry, la dernière mission». T.V.. Scénario et dialogue de Marcel Jullian, 1994.

«L'évasion d'Antoine de Saint-Exupéry» - Arte - La Sept - Jacques Tréfouël - 1994. 45 mm.

«Antoine de Saint-Exupéry, pilote de guerre» - Patrick Audoin, Eric Moreau - E.C.P.A. - 1994. 26 mm 15.

INDEX DES NOMS CITÉS

Remerciements de l'auteur

Je garde en mémoire le souvenir de Jean-Marie Conty, ingénieur, camarade d'Antoine de Saint-Exupéry, décédé en 1999, qui m'avait fait l'honneur de rédiger la préface de la première édition. J'ai fidèlement conservé ce texte dans le présent ouvrage.

Je remercie très vivement Guy Avanzini, professeur émérite à l'Université Lumière-Lyon 2, auteur de la postface.

Ma gratitude va également à tous ceux qui, membres du Centre Saint-Exupéry ou non, ont collaboré, depuis 1947, à la constitution d'une vaste documentation littéraire, journalistique et iconographique, et, en particulier, à Béatrice Simonin, Georges Avril et Jean Denis, auteurs des illustrations, Michel Duvernay, Pierre Jarrosson, petit-fils du général René Chambe, André Revillon.

Enfin, ma pensée et ma reconnaissance émues vont à la famille de l'écrivain-pilote et aux compagnons de l'Aéropostale et de la guerre 39-45, notamment Jean Macaigne, le général Gavoille et Jean Israël. Témoins privilégiés, ils m'ont transmis, lors de nombreuses rencontres, un moment de l'histoire d'un fils, d'un époux, d'un frère, d'un compagnon exceptionnel.

M.R.

TABLE DES MATIÈRES

Florilège de citations

Seul l'Esprit s'il souffle sur la glaise, peut créer l'Homme.

Terre des Hommes

La terre nous en apprend plus long sur nous que tous les livres. Parce qu'elle nous résiste. L'homme se découvre quand il se mesure avec l'obstacle.

Terre des Hommes

L'esprit ne considère point les objets, il considère le sens qui les noue entre eux. Le visage qui est lu au travers.

Pilote de Guerre

Je ne connais qu'une liberté qui est exercice de l'âme. Et non l'autre qui n'est que risible, car te voilà contraint quand même de chercher la porte pour franchir les murs et tu n'es point libre d'être jeune ni d'user du soleil la nuit.

Citadelle

Force les de bâtir ensemble une tour et tu les changeras en frères. Mais si tu veux qu'ils se haïssent, jette leur du grain.

Citadelle

Ce qui embellit le désert (. . .), c'est qu'il cache un puits, quelque part.

Le Petit Prince

Ce n'est point dans l'objet que réside le sens des choses, mais dans la démarche.

Citadelle

Je n'aime pas les sédentaires du cœur. Ceux-là qui n'échangent rien, ne deviennent rien.

Citadelle

Unifier c'est nouer mieux les diversités particulières, non les effacer pour un ordre vain.

Citadelle

Dans la vie, il n'y a pas de solutions. Il y a des forces en marche : il faut les créer et les solutions suivent.

Vol de nuit

Ce qui sauve, c'est de faire un pas. Encore un pas. C'est toujours le même pas que l'on recommence.

Terre des Hommes

Aimer ce n'est pas se regarder l'un l'autre, c'est regarder ensemble dans la même direction.

Terre des Hommes

Tu deviens responsable pour toujours de ce que tu as apprivoisé.

Le Petit Prince

Nul ne peut se sentir à la fois responsable et désespéré.

Terre des Hommes

Le pouvoir s'il est amour de la domination, je le juge ambition stupide. Mais s'il est acte de créateur et exercice de la création (. . .) alors le pouvoir je le célèbre.

Citadelle

La guerre n'est pas une aventure. La guerre est une maladie. Comme le typhus.

Pilote de guerre

N'espère rien de l'homme s'il travaille pour sa propre vie et non pour son éternité.

Citadelle

Ça m'est bien égal d'être tué en guerre. De ce que j'ai aimé que restera-t-il ?

Lettre au Général X

On meurt pour une cathédrale. Non pour des pierres. On meurt pour un peuple. Non pour une foule. On meurt par amour de l'Homme, s'il est clef de voûte d'une communauté. On meurt pour cela seul dont on peut vivre.

Pilote de guerre

Notes

IMPRESSION, BROCHAGE
IMPRIMERIE CHIRAT
42540 ST-JUST-LA-PENDUE
JUIN 2000
DÉPÔT LÉGAL 2000 N° 9585

IMPRIMÉ EN FRANCE